KB067565

신은 디테일에 있다

신은 디테일에 있다 《오픈 시크릿》 개정판)

초판 1쇄 발행_ 2016년 3월 22일
초판 5쇄 발행_ 2023년 1월 10일

지은이_ 한근태
펴낸이_ 이성수
편집_ 황영선
디자인_ 여혜영
마케팅_ 김현관

펴낸곳_ 올림
주소_ 07983 서울시 양천구 목동서로 77 현대월드타워 1719호
등록_ 2000년 3월 30일 제2021-000037호(구:제20-183호.)
전화_ 02-720-3131
팩스_ 02-6499-0898
이메일_ pom4u@naver.com
홈페이지_ http://cafe.naver.com/ollimbooks

ISBN 978-89-93027-80-8 03320

이 도서의 국립중앙도서관 출판예정도서목록(CIP)은 서지정보유통지원시스템 홈페이지(http://seoji.nl.go.kr)와 국가자료공동목록시스템(http://www.nl.go.kr/kolisnet)에서 이용하실 수 있습니다.(CIP제어번호: CIP2016005424)

한근태 지음

신은 디테일에 있다

God is in the details
작은 차이가 모든 것을 바꾼다!

머리말

그들이 잘될 수밖에 없는 이유

"바쁜 사람일수록 피드백이 빠르다."

동창모임의 총무를 맡고 있는 친구에게서 들은 이야기다. 내 경험에 비추어 봐도 공감이 되는 부분이다.

바쁜 사람이 오히려 피드백이 빠른 이유는 다른 게 아니다. 바쁘기 때문이다. 바쁘다는 건 할 일이 많다는 뜻이다. 그렇기 때문에 그때그때 처리하지 않으면 나중에 다시 돌아볼 겨를이 없고, 결국 영원히 그 일을 못하게 된다. 자칫하면 신뢰하기 어려운 사람으로 낙인찍힐 가능성이 높다. 방법은 오직 하나뿐이다. 연락받는 즉시 회신을 보내는 것이다.

그에 반해 한가한 사람은 시간이 넉넉하니까 지금 당장 처리하지 않아도 나중에 얼마든지 할 수 있다고 생각한다. 그러다가 일을 놓치고 만다. 모아서 한꺼번에 하려다가 깜빡하는 것이다. 참으로 역설적이다.

멀리 사는 사람이 약속 장소에 가장 먼저 나타난다. 그에게는 변수가 많다. 버스가 늦게 올 수도 있고, 사고로 교통체증이 일어날 수도 있다. 가늠하기 어렵기 때문에 일찌감치 집을 나선다. 하지만 가까이 사는 사람은 10분 안에 갈 수 있다고 생각하며 긴장하지 않는다. 마음을 놓고 다른 일을 한다. 그러다가 깜빡하고는 늘 꼴찌로 도착한다.

나는 15년 이상 책을 쓰고, 좋은 책을 소개하고, 1년에 200번 이상 강의를 하고, 각종 자문과 코칭을 해왔다. 나처럼 다양한 사람과 조직을 접하는 경우도 드물 것이다. 그러다 보니 촉이 발달하게 되었다. 만나서 이야기를 나누고, 상대의 표정을 읽고, 사무실을 보면 겉으로 드러나지 않은 많은 정보들이 들어온다. 거의 점쟁이 수준으로 촉이 발달한다. 척 보아도 이 조직이 잘되는 곳인지 아닌지를 알 수 있다.

얼마 전에는 마이다스아이티란 회사와 일을 하면서 놀라운 경험을 했다. 구조해석 관련 소프트웨어를 만드는 회사인데, 세계 최고 수준이다. 여러 경로를 통해서도 보통 회사가 아니라는 말을 들었다. 그런데 실제로 같이 일을 하면서 역시 명불허전이란 생각을 하게 되었다. 줄곧 엔지니어로 살아온 이 회사의 이형우 대표는 경영을 하면서 새삼 채용의 중요성을 깨달았고, 채용을 잘하려고 뇌를 공부하게 되었다. 그 노하우를 바탕으로 채용소프트웨어를 만들었는데, 내게 마케팅을 도와달라고 부탁했다. 마침 나도 면접 관련 책을 쓴 것이 있어 공동으로 세미나를 개최하기로 했다. 그 과정에서 많은 직원들을 만났는데, 하나같이 주인처럼 일했다. 회의를 마치고 나면 늘 내용을 정리해서 회의록을 보내주고, 이런저런 과제도 안겼다. "지난번 말씀하신 회사에 전화를 해주세요", "주소록을 살펴봐주세요", "저희는 이렇게 생각하는데, 어떠신지요?" 등등 귀찮을 정도로 디테일하게 일을 파고들었다.

한번은 새벽 5시 반쯤 문자로 뭔가를 질문했는데, 바로 답신이 왔다. 나야 아침형 인간이라서 그렇다 해도, 젊은 직원이 그 시간에 바로 답신을 한다는 게 믿어지지 않았다. 더 놀라운 것은 행사

당일이었다. 습관대로 일찌감치 행사장에 갔는데, 하나하나가 그렇게 꼼꼼할 수 없었다. 참가자들의 목에 거는 이름표의 끈 색깔부터 각기 달랐다. 집중적으로 상담할 고객, 관심이 있는 고객, 스쳐 지나가는 고객을 구분하기 위한 거란다. 테이블 세팅도 정말 디테일했다. 물, 과자, 초콜릿, 팸플릿이 가지런히 정돈되어 있었다. 400명이 넘는 인원이 참석했으니 혼잡할 법도 하건만, 한 치의 오차도 없이 모두가 정교하게 움직였다. 아마도 많은 성과를 냈을 것이다.

나는 속으로 감탄했다. 어떻게 저런 사람들만 골라서 채용했을까? 원래 저런 사람들이었을까? 아니면 회사에 들어와서 저렇게 바뀐 걸까? 잘될 수밖에 없는 회사라는 생각이 들었다. 그러면서 동시에 아무 생각 없이 무심하게 일하는 수많은 개인과 조직이 연상되었다.

나는 2009년 디테일의 중요성을 다룬 《오픈 시크릿》이란 책을 써서 뜨거운 호응을 얻었다. 이 책은 그 개정판이다. 기존의 내용을 가다듬고 이후에 쓴 새로운 글을 추가했다.

디테일의 중요성은 아무리 강조해도 지나치지 않다. 성공한 사람들은 하나같이 편집증을 갖고 있다. 기대치가 높고 기대치를 달성하기 위해 지나치리만큼 집착한다. 메모를 하고, 약속을 칼같이 지키고, 정리정돈을 잘한다. 왜 그럴까? 자신과 자신이 하는 일을 사랑하기 때문이다. 사랑의 어원은 '사량(思量)'이다. 생각의 양이다. 사랑한다는 것은 많이 생각한다는 뜻이다. 일을 사랑하는 사람은 늘 일에 대해 생각한다. 잘못된 것, 비뚤어진 것, 흐트러진 것을 용납하지 않는다. 당연히 성과가 나고 사람들의 인정을 받는다. 그러면서 일류로 거듭나게 된다. '신은 디테일에 있다'는 말이 회자되는 이유다.

이 책을 쓰고 나서 스트레스를 많이 받았다. 지키기 힘든 약속을 많이 했기 때문이다. 하지만 그 덕분에 많은 것들을 바꾸고 나 자신의 습관으로 만들 수 있었다. 시간 약속의 중요성을 그렇게 강조한 사람이 늦을 수는 없다. 보통 강의실에는 1시간 전, 약속 장소에는 20분 전쯤에 도착한다. 메모는 예나 지금이나 나의 가장 중요한 습관이고, 펜과 수첩은 항시 챙기는 필수품이다. 그래서 1년에 2권 정도의 책을 쓸 수 있었다. 운전할 때도 안전을 우선시하고, 택시를 타도 반드시 안전벨트를 맨다. 가족도 모두 맨다. 미리미리 대비하는 것의 중요성을 인식해 무슨 일이든 철저히 준비한다. 운동도 꾸준히 한다. 운동을 시작한 지 3년이 넘었고 이제는 완전히 몸에 배었다. 좋은 습관들을 몸에 익히니 사는 게 편하다.

그동안 올림의 도움을 많이 받았다. 덕분에 좋은 책을 많이 쓸 수 있었다. 감사하는 마음이다. 이 책이 좀 더 생산적인 개인과 조직으로 거듭나는 데 도움이 되기를 바란다.

한근태
한스컨설팅 대표

God is

차례

in the Details

God is

4

감독 하나 바뀌었을 뿐인데…
리더십의 디테일

God is

4

감독 하나 바뀌었을 뿐인데…
리더십의 디테일

God is

4

감독 하나 바뀌었을 뿐인데…
리더십의 디테일

God is

4

감독 하나 바뀌었을 뿐인데…
리더십의 디테일

God is

4

감독 하나 바뀌었을 뿐인데…
리더십의 디테일

God is

4

감독 하나 바뀌었을 뿐인데…
리더십의 디테일

5

사소함이 위대함을 만든다
결정적 1% 완성하기

in the Details

6

정상을 어떻게 지킬 것인가
지속 성공의 비밀

작은 차이가 모든 것을 바꾼다

—

성공 습관 vs 실패 습관

지옥에서 천당을 보다

긍정의 5가지 요건

1975년 여름 어느 날, 박정희 대통령은 현대건설의 정주영 회장을 청와대로 급히 불렀다.

"달러를 벌어들일 좋은 기회가 왔는데, 일을 못하겠다는 작자들이 있습니다. 지금 당장 중동에 다녀오십시오. 만약 정 사장도 안 된다고 하면 나도 포기하지요."

정 회장이 무슨 이야기인지 물었다. 그러자 박 대통령은 "석유파동으로 지금 중동 국가들은 달러를 주체하지 못합니다. 그 돈으로 인프라를 건설하고 싶은데, 너무 더운 곳이라 일하겠다는 나라가 없는 모양입니다. 우리나라에 의사를 타진해왔기에 관리들을 보냈더니, 2주 만에 돌아와 하는 이야기가 너무 더워 낮에는 일할 수 없고, 공사에 필요한 물이 없어 공사를 할 수 없다는 겁니다"라고 말했다. 그 말을 들은 정 회장은 그 즉시 중동으로 날아가서는 5일 만에 돌아와 박 대통령에게 이렇게 이야기했다.

"지성이면 감천이라더니, 하늘이 우리나라를 돕는 것 같습니다. 중동은 세상에서 건설공사를 하기에 제일 좋은 지역입니다. 비가 오지 않으니 1년 내내 공사를 할 수 있고, 건설에 필요한 모래, 자갈이 현장에 있으니 자재 조달이 쉽고, 물은 다른 곳에서 실어오면 됩니다."

50도가 넘는 더위는 어떻게 하느냐는 질문에는 낮에는 천막을 치고 자고 밤에 일하면 된다고 답했다. 그렇게 해서 우리나라는 중동 건설에 힘입어 일어설 수 있었다.

같은 상황, 다른 시각

같은 사물도 어떻게 보느냐에 따라 정반대의 해석이 가능하다. 긍정적 시각이 중요한 이유다. 그런데 주변에 부정적인 사람들이 있다. 대부분 지적인 사람들이다. 너무 많이 알아서 그런지 매사에 부정적이다. "한국은 이제 안 될 거 같아요", "올해는 최악의 한 해가 될 거 같아요", "이제 더 이상 먹거리가 없어요", "모든 곳이 썩어 더 이상 희망이 없어요"라며 각종 데이터와 사례까지 곁들여 안 좋은 이야기를 하는데, 일리는 있지만 만난 후에는 영 뒷맛이 개운치 않다. 더 이상은 그런 사람들과 만나고 싶지 않게 된다.

매사에 냉소적이고 부정적인 사람이 성공한 경우를 본 적이 있는가? 재능은 있지만 늘 부정적인 사람과, 재능은 부족하지만 늘 긍정적으로 생각하는 사람이 있다면 어떤 사람과 같이 일을 하고 싶은가? 당신은 어떤 사람인가?

긍정적 사고의 중요성은 아무리 강조해도 지나치지 않다. 사물의 어떤 면을 보느냐에 따라 삶의 질이 크게 달라진다. 천당에 있으면서도 지옥을 사는 사람이 있고, 지옥에 있지만 천당을 사는 사람도 있다.

《1984년》이란 소설로 세계의 이목을 집중시켰던 영국의 소설가 조지 오웰은 지구의 종말을 예언했다. 핵무기와 대륙간탄도미사일을 예언할 정도로 미래를 보는 안목이 탁월했다. 그러나 오웰의 상상력은 부정적인 비관론과 무신론에 근거했다. 그는 3차 세계대전으로 지구가 멸망할 것이라는 공포감에 휩싸여 있었고, 그런 이유로 전쟁 가능성이 작은 스코틀랜드의 외딴 섬에서 살았다. 하지만 그의 정신과 육체는 비관론과 우울증으로 피폐해졌고, 결국 47세에 폐결핵으로 요절했다.

제가 당신 다리만 사랑했나요?

성공하기 위해 가장 필요한 것은 긍정성이다. 잘될 것이라 믿고 그렇게 행동하는 것이다. 긍정에 무슨 근거가 있는 것은 아니다. 확실한 근거가 있다면 긍정성이 무슨 의미가 있겠는가. 별다른 근거가 없지만 잘될 거라고 믿는 것이 참다운 긍정성이다.

참다운 긍정성을 위해서는 제일 먼저, 긍정주의자가 되겠다고 결심해야 한다. 자신에게 끊임없이 최면을 걸어야 한다. 그래서 긍정을 습관화해야 한다. 사람은 가만두면 부정적으로 된다. 엔트로피의 법칙이다. 실패하기 위해 무언가를 할 필요는 없다. 낙심하기 위해, 원망하고 불평하는 사람이 되기 위해, 서운함을 품기 위해, 타락하기 위해 뭘 해야 할 필요는 없다. 그냥 가만히 있으면 된다. 실패하는 사람은 주변에 좋은 사람, 감사할 일, 기쁨을 주는 일이 지천으로 있어도 주목하지 않으며, 부정적이고, 자신을 싫어하거나 비난하는 사람을 생각하는 데 많은 시간을 쏟는다. 자신을 좋아하는 사람과 그렇지 않은 사람의 비율이 95대 5인데, 사람들은 5에 너무 많은 에너지를 사용한다. 이를 바꾸려면 스스로 결심해서 긍정성으로 치환하는 노력을 꾸준히 해나가야 한다.

둘째, 어려움 속에서도 긍정적인 요소를 찾기 위해 애써야 한다. 한쪽 문이 닫히면, 다른 문이 열린다. 사물과 사건에는 늘 양면성이 존재한다. 긍정적인 사람은 위기 속에서 기회 요인을 찾는 사람이다. 코빈 윌리엄스는 2차 대전 중인 1945년 3월 15일, 프랑스 전선에서 전차 뒤를 따라 걷다가 전차가 지뢰에 걸려 폭발하는 바람에 실명하고 말았다. 하지만 목사 겸 카운셀러가 되려는 그의 의지를 장애가 막을 수는 없었다. 훗날 유명한 목사가 된 그는 이렇게 말했다.

"장님이라는 사실은 내 일에 정말 도움이 됩니다. 눈이 보이지 않기 때문에 겉모습으로 사람을 판단하지 않습니다. 그 사람의 외관에서 오는 선입견으로부터 나를 지켜줍니다. 덕분에 누구든 내게 와 안심하고 상담을 합니다."

셋째, 언어 습관을 고쳐야 한다. 말이 곧 씨가 된다. 긍정적이 되려면 늘 긍정적인 단어만 골라 사용해야 한다. 누군가가 안부를 물을 때 습관적으로 "그저 그렇습니다"라고 대답하는 사람과 "참 좋습니다"라고 말하는 사람 중 누구의 성공 확률이 높을 것 같은가? 볼 것도 없다. 긍정적으로 말하는 사람이다. 뇌는 현재와 미래를 구분하지 못한다. 사실과 거짓을 구분하지 못한다. 긍정적으로 말하면 실제로 성공했다고 생각하고 그렇게 행동하게 만든다. 그리고 말한 대로 성공하게 된다.

넷째, 자성예언을 해야 한다. 타이거 우즈의 아버지 얼 우즈는 아들이 최고가 되기를 바랐다. 타이거가 기저귀를 떼기 전부터 미래의 챔피언이 될 거라고 예언을 해주었다. 타이거가 쓰던 유아용

의자를 버리려는 아내를 만류하며 이렇게 이야기했다.

"당신, 그걸 버리면 안 돼. 언젠가는 명예의 전당에 보관될 의자 니까."

그는 정말로 골프 황제가 되었다. 아버지의 자성예언 덕분이다.

다섯째, 유머감각을 가져야 한다. 말년에 관절염으로 휠체어 인 생이 된 미국 32대 대통령 프랭클린 루스벨트가 아내 엘리너에게 질문을 던졌다.

"불구인 나를 아직도 사랑하오?"

"제가 당신 다리만 사랑했나요?"

엘리너 루스벨트의 대답이 기막히다. 이런 긍정성 때문에 그녀 는 역대 퍼스트레이디들 중 가장 호감 가는 여성으로 손꼽힌다. 엘 리너는 항상 밝은 표정으로 주위 사람들을 즐겁게 해주었다. 그러 나 그녀가 10살 때 고아가 되었다는 사실을 아는 사람은 거의 없다. 그녀는 끼니를 잇기 위해 온갖 노동에 시달렸으며, 돈을 '땀과 눈 물의 종잇조각'이라고 부를 정도로 혹독한 소녀 시절을 보냈다. 하 지만 남들이 갖지 못한 재산이 있었다. 긍정적 인생관이 그것이다. 엘리너는 어떤 절망적 상황에서도 비관적 언어를 사용하지 않았 다. 자녀 중 한 아이가 사망했을 때도 "아직, 내가 사랑할 수 있는 아이가 다섯이나 있는 걸…"이라고 말했다.

미래를 알 수 있는 사람은 아무도 없다. 미래는 만들어가는 것이기 때문이다. 핵심은 긍정성이다.

"공기역학적으로 꿀벌은 날 수 없다. 그러나 꿀벌은 그 사실을 모르기 때문에 계속 날아다닌다."

세계적인 여성 사업가 메리 케이 애시의 말이다.

그들은 연봉순으로 나타났다

약속을 대하는 자세

  잘 모르는 상대를 파악하는 가장 간편한 방법은 제시간에 약속 장소에 나타나는지 여부를 보는 것이다. 그리고 상대를 무시하는 간단한 방법은 늦게 나타나 상대를 기다리게 하는 것이다. 자신의 시간을 절약한다는 핑계로 다른 사람의 시간을 빼앗는 절도범이 되는 것이다.

  대림산업 창업주 고 이재준 회장의 측근으로부터 들은 이야기다.

  "한번은 그분을 모시고 중국 여행을 간 적이 있습니다. 약속 시간에 맞춰 나갔는데 회장님이 벌써 나와 계신 겁니다. 당황했지요. 다음 날은 7~8분 전에 나갔는데 역시 회장님이 나와 계시더라고요. 할 수 없이 다음 날은 20분 정도 일찍 나갔습니다. 그랬더니 잠시 후 회장님이 나오시더군요. 시계를 보니 정확히 15분 전이었습니다. 나중에 왜 이렇게 일찍 나오시냐고 여쭈어봤더니 이렇게 말씀하시더군요.

'나는 약속 시간보다 15분 일찍 나가는 것을 철칙으로 하고 있네. 그 이유는 첫째, 일찍 나가면 서두르지 않아도 되니 여유 있는 마음을 유지할 수 있고 둘째, 미리 나가 있으면 상대의 호감을 살 수 있고 셋째, 서두르면 택시 등을 타야 하지만 일찍 나가면 전철이나 버스를 탈 수 있으니 경제적으로도 좋고…'"

성공한 사람들은 이재준 회장처럼 남다른 철학을 갖고 있는 경우가 많다. 그중 공통적인 것이 약속에 대한 병적인 집착이다. 아시아 최고의 갑부 리자청 역시 그러하다. 그는 손목시계를 항상 10분 앞당겨놓는다고 한다. 일찍 도착해야 일을 그르치지 않는다는 철칙 때문이다.

제갈정웅 감사나눔연구소 이사장은 '15분 맨'으로 통한다. 약속 시간보다 늘 15분 일찍 도착하기 때문에 얻은 별명이다. 10분이 아까울 사람에게 그것은 손해가 아닐까? 그는 정반대라고 말한다.

"약속 장소에 미리 도착해 그날 만날 사람과 대화하고자 하는 내용을 미리 적어봅니다. 어떤 때엔 그 장소에 대한 단상도 짤막하게 적어놓습니다. 15분 투자가 아주 효율적인 결과를 낳지요."

현대그룹을 일으킨 정주영 회장도 늘 일찍 도착해서 만날 사람에 대해 생각을 했다고 한다.

"그 사람이 어떤 사람인지, 왜 나를 만나려고 하는지, 내가 그를 어떻게 도와주어야 할지…."

그런 철학이 있었기에 오늘날의 현대가 있는 것이다.

기업문화는 창의적인데…

학생들에게 가끔씩 과제를 내줄 때가 있다. 그런데 학점에 반영되는 공식적인 과제는 모두가 열심히 하지만, 비공식적인 과제를 주면 사뭇 반응이 엇갈린다. 얼마 전에도 비공식적인 과제를 주었다. 커뮤니케이션 수업 내용을 요약하고 그것에 대한 느낌을 쓰라는 과제였다. 그런데 5명의 학생들 가운데 2명만 제시간에 과제물을 보내왔다. 나머지 학생들은 아무런 답변이 없었다. 한참 시간이 지난 후 답변이 없는 학생들에게 사유를 물었다. 그들의 답변이다.

"물론 잊지는 않았습니다. 해야 한다고 생각은 하면서도 차일피일하다 이렇게 되었습니다. 나중에는 죄송해서 아예 못 하겠더라고요. 계속 마음이 찜찜했습니다."

나는 과제를 제출할 필요가 없다고 말했다. 이미 그동안 마음이 찜찜한 상태로 있으면서 충분한 고통을 받았기 때문이다.

자율에 맡긴 과제를 수행하지 못 했을 때는 그나마 개인 차원의 고통에 머물지만, 사소한 불찰로 큰일을 그르치는 경우도 얼마든지 있다.

모 광고회사는 우수한 인재들이 모인 곳이었다. 틀에 짜인 조직에서 일하기 싫어하는 인재들의 특성을 감안하여 회사를 대학 캠퍼스처럼 운영했다. 마치 구글처럼 아무 간섭도 없는 자유분방한 분위기여서 창의적이고 개방적인 업무에는 나름대로 적절한 환경이기도 했다. 문제는 엉뚱한 곳에서 생겼다. 자유로운 분위기는 좋은데 구글에서 볼 수 없는 현상이 나타났다. 약속 시간을 안 지키는 것이 점차 기업문화로 자리 잡게 된 것이다.

어느 날, 한 기업을 대상으로 프레젠테이션을 하게 되었다. 모든 여건에서 이 회사가 가장 유망했다. 실적도 좋았고 참여 멤버도 빵빵했다. 무엇보다 인적 네트워크로 그 기업과 단단히 연결되어 있었다. 하지만 결과는 '탈락'이었다.

원인은 대단한 것이 아니었다. 프레젠테이션 당일, 멤버 중 두 사람이 늦게 도착했고 그 때문에 사전미팅을 할 수 없었다. 복장 또한 통일되지 않았다. 어떤 사람은 캐주얼, 어떤 사람은 정장을 입었다. 반면 경쟁사는 30분 전에 도착해 최종 점검을 하고 실무 책임자들과 환담을 나누는 등 만반의 채비를 갖추었다.

프레젠테이션은 그럭저럭 잘 끝났다. 하지만 고객의 질문에 멤버

들이 서로 다른 답변을 하고 말았다. 결정적인 실수였다. 사전미팅을 못 하는 바람에 벌어진 일이다. 당연히 이 회사는 떨어지고 말았다.

지금은 망한 모 회사도 직원들이 회의 시간을 안 지키기로 유명했다. 30분 정도 늦는 것은 기본이었다. 그러다 보니 회의 자체가 취소되는 일이 잦았다. 중요한 실무 담당자가 빠지거나 의사결정을 해야 할 사람이 자리를 비우는 경우도 비일비재했다. 회의 자체가 유명무실해졌다. 직원들 사이에서 "우리 회사에서 가장 힘든 일은 회의를 소집하는 것"이라는 자조 섞인 말까지 나돌았다. 회의 불능 사태에 이렇다 할 뚜렷한 이유는 없었다. 단지 기업문화가 그랬던 것이다. 시간을 지키지 않는 문화의 폐해는 심각했다. 문제해결이 제때 이루어지지 않았고 생산성이 하락했다. 고객도 떨어져나갔다. 고객과의 만남에서조차 늦었기 때문이다.

신뢰감을 떨어뜨리는 작은 행동

전에 모 언론사 주최로 CEO들을 모시고 대담프로를 진행한 적이 있었다. 리더십, 커뮤니케이션, 위기관리 등의 의제를 정하고 거기에 맞는 CEO들을 섭외해서 함께 저녁을 먹으며 이야기를 나누는 자리였다. 내 역할은 대담이 잘 되게끔 분위기를 잡고 질문을 던지고 속도를 조절하는 일이었다. 장소는 신라호텔 앞의 한정식 집이었고 시작 시간은 6시 반이었다. 나는 질문거리를 정리하고 참석자들의 신상도 파악해야 했기에 일찌감치 도착했다. 바쁜 사장님들은 6시 10분 정도가 되자 모두 나타났다. 그런데 정작 행사 진행을 도울 스태프들은 코빼기도 보이지 않았다. 시간에 맞춰 간신히 나타난 사람, 10분이 지나 헐레벌떡하며 나타난 사람….

가만히 살펴보니 연봉순으로 나타난 것 같았다. 연봉을 가장 많이 받는 사람이 제일 먼저 나타나고 가장 적게 받는 사람이 제일 늦게 도착한 것이다.

이재준 회장, 제갈정웅 이사장, 정주영 회장, 그리고 내가 만난 CEO들은 시간이 남아돌아서 약속 장소에 늘 미리 도착하는 것일까? 사람과의 약속을 지키는 것, 약속 시간에 맞춰 나가는 것은 성공의 첫걸음이다. 간혹 조금 늦을 수도 있다고 생각할 수 있다. 하지만 그런 생각이 쌓여 번번이 늦게 나타난다면 결과는 생각보다 심각하다. 상습적으로 약속 시간을 어기는 사람은 성인군자라도 견디기 어렵다. 몇 번이야 만나겠지만 그런 일을 자주 당하면 안 만날 이유만을 찾게 된다. 의식적으로 피하게 된다. 그 사람을 만날 때마다 무시당하고 있다는 느낌이 들고 그런 느낌을 다시 확인하고 싶지 않기 때문이다. 심지어 자신이 주관하는 모임에조차 늦는 사람이 있는데, 이런 사람들은 "나 같은 사람과는 절대 친하게 지내지 마세요. 나는 정말 믿을 사람이 못 됩니다"라고 광고하는 것과 마찬가지다.

'약속을 잘 지키는 최선의 방법은 가능한 한 약속을 하지 않는 것'이라는 말이 있다. 인생에서 약속만큼 신중해야 할 것은 없다는 사실을 역설적으로 말해준다.

독일의 아우토반과 한국의 고속도로

매너 있을 때와 없을 때

오랜만에 장을 보러 갔다. 주말이라 그런지 많은 사람들로 붐빈
다. 계산대 앞에도 사람들이 줄줄이 서 있다. 내 차례가 되어 물건
을 위에다 올려놓는데 갑자기 허리가 젖힐 정도로 누군가가 세차
게 들이민다. 순간 짜증이 솟아 돌아보니 생판 모르는 아줌마가 엉
덩이로 나를 힘껏 밀어제치면서 빠져나가는 것이다. 미안하다는 말
한마디 없이 얼굴 한 번 안 돌리고 그냥 빠져나간다. 기가 막힌다.
모르는 사람을 다짜고짜 밀고 지나가면서도 아무렇지 않은 그 뻔
뻔함에 한숨이 절로 나온다.

이런 무례한 사람은 모르긴 해도 평생 미안하다는 말 한마디 안
하고 살 위인이다. 주변에 이런 부류의 사람들이 의외로 많다. 때
와 장소를 가리지 않고 자기 생각에만 빠져 주변을 돌아보지 않는

다. 사람들이 길게 줄을 서 있어도 무시하고 밀치고 들어가 원하는 물건을 집어내고야 만다. 다른 사람은 마치 투명인간이라도 된 듯하다. 배려라곤 눈곱만큼도 없다. 얼굴에는 이렇게 쓰여 있다.

'혼자서 조용히 장을 보고 싶은데 무슨 인간들이 이렇게 많은 거야. 아, 짜증나!'

계산을 하는 직원들도 별반 다르지 않다. 자기가 몸담고 있는 매장을 찾아주어 고맙고 반갑다기보다는 일이 많아 피곤하니 다시는 오지 말아달라고 사정하는 듯한 표정이다. 손님으로 하여금 마치 못 올 데를 온 것 같은 기분이 들게 한다. 이러고서 물건을 팔겠다는 것 자체가 신기할 정도다.

전철은 한국인의 매너 수준을 여실히 보여주는 종합전시장이다. '내리는 사람이 먼저, 그다음이 타는 사람'이라는 기본 중의 기본이 지켜지지 않는다. 사람이 내리기도 전에 탈 사람들이 앞을 가로막는다. 사람이 내리거나 말거나 나부터 타고 봐야겠다는 사람들이 넘쳐난다. 애건 젊은이건 노인이건 세대를 불문하고 그렇다. 동방무례지국이라는 말이 절로 나온다. 남이야 듣건 말건 화통을 삶아 먹은 목소리로 떠드는 사람도 있다. 두 다리를 쩍 벌리고 앉아 있는 쩍벌남은 아주 많다. 뜨거운 커피를 들고 서 있는 사람도 있고, 음식을 먹는 사람도 있다. 세상을 지극히 낙관적으로 사는 사람들이다. 문제 될 것이 하나도 없다. 전철은 절대 흔들리지 않을 것이고, 다리를 벌리니 내 몸은 편할 뿐이다.

이런 사람들이 가정이나 조직에서는 어떨까? 자기반성은 추호도 없이 다른 사람을 비판하기에만 바쁠 가능성이 높다. 이들이 속한 조직은 늘 시끄럽고 피곤할 것이다.

일본의 벳푸 온천에 가면 한글로 '떠들지 마시오'라고 쓴 경고문이 곳곳에 붙어 있다. 매너와 질서 면에서 세계 1위인 일본 사람들이 오죽했으면 저런 말을 써놓았을까 하는 생각에 같은 한국인으로서 심한 자괴감이 든다.

세계 어디를 가도 우리나라처럼 목욕탕이 많고 시설이 좋은 나라는 찾아보기 힘들다. 몸이 찌뿌드드하거나 피곤할 때 30분만 사우나를 해도 온몸이 개운한 게 세상이 달라 보인다. 그래서 남녀노소를 가리지 않고 많은 사람이 사우나를 즐긴다. 하지만 그 안에서 벌어지는 사람들의 행태는 꼴불견 그 자체다. 물을 계속 틀어놓고 면도를 하거나 비누칠을 하는 사람, 샤워를 안 하고 탕에 들어가는 사람, 땀도 씻어내지 않고 사우나에서 바로 냉탕으로 들어가는 사람, 물을 튀겨가며 수영을 하는 사람, 자신이 쓴 면도기와 수건을 아무 데나 놔두는 사람, 좁은 탕 입구를 막고 누워 있는 사람, 심지어 사우나에서 빨래를 말리는 사람도 있다.

내가 그런 이야기를 하면 우리 딸은 그래도 남탕은 나은 편이라고 위로(?)의 말을 건넨다. 여탕에서는 계란이나 플레인 요구르트로 마사지를 하는 사람들도 있는데 냄새가 어찌나 역겨운지 숨이 막힐 지경이란다.

아우토반이 안전한 이유

BMW를 타고 아우토반을 달려본 적이 있다. 시속 200킬로미터에 가까운 엄청난 속도로 달리는데도 속도감이 별로 느껴지지 않는다. 차가 도로에 찰싹 달라붙어 무언가를 감고 가는 듯한 느낌이다. '역시 아우토반은 다르군' 하는 탄성이 절로 나온다. 희한한 것은 추월선을 달리고 있던 차의 움직임이다. 자기보다 조금이라도 빨리 달리는 차가 나타나면 어김없이 그 차를 위해 옆 차선으로 비켜서는 것이다. 그러다 보니 추월선은 벤츠나 BMW, 아우디 같은 고급 차들이 달리고, 오른쪽 차선으로는 상대적으로 성능이 떨어지는 차나 고만고만한 소형차들이 달리게 된다. 우리나라에서처럼 속도가 떨어지는 차가 양보하지 않고 버젓이 추월선을 달리는 모습은 찾아보기 어렵다. '빠른 차는 왼쪽 차선으로, 느린 차는 오른쪽 차선으로'라는 도로 위 예절이 잘 지켜지기 때문이다. 초고속으로 달리지만 아우토반이 안전한 이유가 여기에 있다.

우리나라 고속도로는 어떤가? 시설은 괜찮지만 효율이 떨어지고 사고도 잦다. 도로의 기본 예절이 실종되었기 때문이다. 시속 80킬로미터로 계속해서 추월선을 달리는 차들을 심심찮게 볼 수 있다. 경운기 수준의 트럭이 끝까지 추월선을 고수하며 소신 있게 달리기도 한다. 뒤에서 아무리 상향등을 켜고 경적을 울려도 꿈적하지 않는다. 사정이 이렇다 보니 추월선이 유명무실해져서 빨리 가고 싶은 차들은 곡예운전을 할 수밖에 없다. 빈 차선이 추월차선이 된다. 하드웨어가 아무리 훌륭해도 소프트웨어가 뒷받침되지 않으면 아무짝에도 못 쓰게 된다.

소신과 방종을 구분할 수 있어야 한다. 느린 속도로 추월선을 타고 가는 것은 소신이 아니다. 다리를 쩍 벌리고 앉아 있는 것 역시 소신이 될 수 없다. 그것은 다른 사람을 안중에 두지 않는 방종에 불과하다.

'매너가 사람을 만든다'는 말이 있다. 매너는 기본을 존중하는 마음이자 태도다. 서로가 인정한 룰을 지키는 것이다. 그것이 아무리 사소한 것일지라도. 참고로 성공과 처세에 대해 다양하고 깊이 있는 글을 쓰고 있는 이준웅 선생의 웹사이트에 올라 있는 매너 몇 가지를 소개한다.

1. If you open it, close it.

   네가 열었으면 네가 닫아라

2. If you turn it on, turn it off.

   네가 불을 켰으면 네가 꺼놓아라

3. If you unlock it, lock it up.

   네가 열쇠로 열었으면 네가 잠가놓아라

4. If you break it, admit it.

   네가 파손시켰으면 그것을 인정해라

5. If you can't fix it, call in someone who can.

   고장 난 것을 네가 고칠 수 없거든 고칠 줄 아는 사람을 불러라

6. If you borrow it, return it.

   빌려온 것이 있으면 되돌려주어라

7. If you value it, take care of it.

   높이 평가할 만한 가치가 있는 것이거든 잘 간수하라

8. If you make a mess, clean it up.

   네가 어질러놓았으면 네가 깨끗이 치워라

9. If you move it, put it back.

   네가 옮겨놓은 것이 있으면 제자리에 갖다 놓아라

10. If it belongs to someone else and you want to use it, get permission.

    딴 사람의 물건을 사용하고 싶거든 그 사람의 허락을 받아라

11. If you don't know how to operate it, leave it alone.

    네가 조작할 줄 모르는 것이라면 조작하려 하지 말고 그냥 놓아두어라

12. If it's none of your business, don't ask questions.

    네가 관여하는 일이 아니라면 참견하지 마라

13. If it ain't broke, don't fix it.

    고장 나지 않은 것은 고치려고 하지 마라

14. If it will brighten someone's day, say it.

누구를 기쁘게 해줄 일이 있거든 그것을 말해주어라

15. If it will tarnish someone's reputation, keep it to yourself.

누구의 명예를 더럽힐 일이 있거든 혼자만 알고 있어라

내가 소심 운전을 하는 이유

한국인의 안전불감증

지방에 갔다가 버스 안에서 목격한 일이다. 어디선가 요란한 전화벨 소리가 들리더니 운전기사가 태연히 전화를 받는다. 운전 중이니 곧 끊겠지 했는데 그건 나만의 착각이었다. 10분이 넘도록 수다를 떨면서 한 손으로 운전을 한다. 몇몇 승객이 걱정 반 비난 반의 눈길로 기사를 쳐다보는데도 아랑곳하지 않는다. 많은 승객의 안전을 책임진 운전기사의 지독한 무감각에 아연할 따름이었다.

운전대를 잡은 채로 통화하는 일만 문제가 되는 것이 아니다. 버스나 택시 기사 중에는 안전벨트를 매지 않는 사람이 숱하게 많다. 마치 '나는 슈퍼맨이에요. 사고가 나도 괜찮답니다'라고 시위하는 듯한 모습이다. 만일의 사태를 전혀 개의치 않는다. 아이에게 안전벨트를 채우지 않고 그냥 앞좌석에 태우고 가는 부모들도 있다. 심지어 앞좌석에 아이를 안고 타는 이들도 있다. 우리의 안전불감증이 어느 정도인지를 여실히 보여준다. 이들에게 다음과 같은 이야기를 들려주고 싶다.

"아이에게 안전벨트를 매게 하지 않는 부모는 10미터 높이의 다이빙대에서 아이를 떨어뜨리는 것과 같다. 물론 수영장에 물은 하나도 없다!"

나는 평소 지나칠 정도로 조심 운전을 하는 편이다. 그래서 우리 가족은 내 차를 타다 다른 사람 차는 못 타겠다고 이야기한다. 하지만 그런 나도 사고를 당한 적이 있다.

사고가 날 수밖에 없는 과감한(?) 운전

몇 년 전 추석 전날이었다. 당시 일산에 살고 있었다. 같은 동네에 사는 친척 형님이 골프를 치러 가자고 해서 이른 새벽에 길을 나섰는데, 그때만 해도 자유로에는 차가 많지 않았다. 더군다나 이른 시간이라 오가는 차가 거의 없었는데 하필 안개가 짙게 끼어 있었다. 친척 형님은 안개를 무시하고 속력을 내기 시작했다. 시간에 쫓기지도 않는 상황에서 왜 그리 빨리 달리는지 시속 150킬로미터는 족히 되었던 것 같다. 그때 돌연 앞에 바리케이드가 나타났다. 당황한 형님은 급브레이크를 밟았고, 차는 타이어가 찢어지는 듯한 날카로운 소리를 내며 바리케이드 바로 앞에서 가까스로 정지했다. 천만다행이었다. 휴, 하고 잠시 안정을 취하려던 순간 뒤에서 말로 다 할 수 없는 강한 충격이 느껴졌다. 하도 순식간에 일어난 일이라 상황이고 뭐고 파악할 겨를도 없었다. 우리는 그대로 황천길로 가는 줄만 알았다.

잠시 후 정신을 차리고 보니 뒤에서 어떤 차가 우리 차를 들이받은 것이었다. 아마도 비슷한 속도로 우리 차를 쫓아오다가 갑자기 정지를 하는 바람에 미처 피하지 못하고 그냥 받은 모양이었다. 차에서 내려 살펴보니 일가족이 탄 차였다. 엄마가 안고 있는 아기 머리에서 피가 철철 흘렀다. 죽은 것 같지는 않은데 정신을 잃은 상태였다. 엄마는 울고불고 난리가 났다.

그날 오전 내내 경찰서에 가서 조사를 받았다. 나중에 생각하니 그 상황에서 사고가 나지 않는다면 오히려 이상한 일이었다. 5분 먼저 가려다 50년 먼저 간다는 말이 절로 떠올랐다.

이런 일도 있었다. 경인고속도로에서 운전 중이었다. 내 차 앞에 의자를 비롯한 가구들을 잔뜩 실은 트럭이 달리고 있었다. 너무 많이 실어서 무게중심 때문에 차가 금방이라도 뒤집힐 것 같았다. 게다가 가구들을 엉성하게 묶어놓아 조금만 충격이 가도 아래로 떨어질 듯했다. 불안한 마음에 앞차와 최대한 간격을 유지하고 따라갔다. 그러는 사이 다른 차가 내 차 앞으로 끼어들었다. 조금이라도 틈새가 보이면 참지 못하고 채워야 직성이 풀리는, 도로에서 흔히 만날 수 있는 차였다. 이 용감한 차는 끼어드는 것만으로는 만족하지 못하겠는지 더 속력을 내어 화물차 뒤를 바짝 쫓아갔다.

'저거 위험한데…'

우려는 현실로 나타났다. 화물차에서 의자 하나가 떨어졌고 뒤따르던 차가 이를 피하려고 급히 차선을 바꾸었다. 그러다가 옆 차선의 뒤에서 오던 차와 충돌하고 말았다. 다행히 큰 사고는 아니었다. 나는 사고를 모면했다. 차간 거리를 충분히 확보했기 때문이다.

나의 무사고 운전 비결 2가지

나는 차를 몬 지 햇수로 25년이 훨씬 넘는다. 하지만 사고를 내거나 당한 적이 없다. 비결은 단순하다.

첫째, 특별한 경우가 아니면 차를 몰고 다니지 않는다. 1년에 1만 킬로미터도 뛰지 않은 해가 많다. 특히 서울 시내에서는 거의 차를 운전하지 않는다. 주로 걷거나 전철을 이용하거나 버스를 탄다. 흔한 말로 BMW(Bus, Metro, Walking)를 애용하는 것이다. 지방에 가더라도 고속버스나 기차가 닿지 않는 곳에만 차를 몰고 간다. 혼자 다닐 때가 대부분이라서 시간 활용과 비용 면에서 대중교통을 이용하는 편이 훨씬 낫기 때문이다.

둘째, 소심 운전을 한다. 내 사전에 과속이란 없다. 속도를 높이면 가슴이 울렁거리고 마음이 불편해진다. 내가 절대 레이서가 될 수 없는 이유이기도 하다. 교통법규도 철저히 지킨다. 빨간불에는 절대 지나가지 않고 노란불에도 웬만하면 미리 정지한다. 차선을 바꿀 때는 고개까지 돌려서 다른 차가 오는지 확인한다. 미국에 있을 때 몸에 익힌 운전 습관이다. 차간 거리도 충분히 유지한다. 늘 앞차가 갑자기 정지할 수 있다는 가정하에 운전한다. 끼어들려고 하는 차는 끼어들게 놔둔다. 뒤에서 위협하는 차가 있으면 기꺼이 양보한다. 초록불로 바뀌더라도 곧장 출발하지 않고 좌우를 살피면서 앞으로 나간다. 워낙 신호를 무시하는 차들이 많기 때문이다. 대로를 가더라도 언제 어디서 차가 튀어나올지 모른다고 생각하며 늘 조심해서 운전한다. 안전벨트를 매는 것은 기본이다. 뒷좌석에 있을 때도 반드시 안전벨트를 맨다.

내가 이렇게 소심 운전을 하는 것은 타고난 성격 때문이기도 하지만 자동차회사에서의 경험이 큰 역할을 했다. 시험담당 임원 시절에 맡은 일 중의 하나가 자동차 충격 테스트였다. 차 안에 더미(dummy), 즉 사람 대신 쓰는 인형을 집어넣고 속도를 높여가면서 얼마나 차가 부서지는지, 그 안에 있는 사람이 얼마나 다치는지를 조사했다. 그때 나는 차라는 물건이 얼마나 위험한지, 사람 목이 얼마나 쉽게 부러지는지를 피부로 깨닫게 되었다.

교통사고든 붕괴사고든 사고는 늘 일어나기에 앞서 위험 신호를 보낸다. 조금만 주의를 기울여도 감지할 수 있는 신호다. 그런데 대부분의 사람들이 이를 감지하고도 괜찮겠지 하고 그냥 넘어간다. 한 사람이 그러고 다른 사람이 또 그런다. 그러다 기어이 사고가 나고 그때서야 왜 내가 그걸 무시했지 하며 땅을 치고 후회한다. 누구나 알 만하고 막을 수 있지만 과오는 변함없이 계속된다.

신호를 보자마자 곧장 경계태세로 돌입할 수 있어야 한다. 유비(有備)면 무환(無患)이다. 모든 일은 터질 만하니까 터지는 것이다.

식후 30분에 약을 먹어라?

대충대충의 엄청난 폐해

어떤 사람이 미국에 머물면서 한국의 지인들에게 다음과 같은 편지를 보냈다.

한국에서는 며칠 분, 심지어 일주일 분의 약을 먹어도 좀처럼 낫지 않던 제가 미국에서는 단 하루나 이틀 만에 나았습니다. 약이 달랐던 것도 아니고, 미국의 의사나 약사가 더 우수해서도 아니었습니다. 단지 약 먹는 시간이 달랐을 뿐입니다. 한국에서는 식후 30분에 약을 먹으라고 해서 열심히 이 말씀을 지켰는데, 미국에서는 무조건 4시간 또는 5시간마다 정확히 약을 복용하라고 지시했습니다. 그래서 이를 지켰더니 아픈 게 금방 낫더군요.

생각해보니 한국의 식후 30분은 이름 그대로 '대충복약지도'였습니다.

아침식사는 보통 오전 7~8시대에 하게 되고, 점심 식후 30분은 오후 1시 이후가 됩니다. 저녁식사는 보통 오후 8시 이후가 됩니다. 하루 세 번 복용 시간의 간격이 모두 다른 셈이지요. 자연 약물이 적절한 혈중 농도를 유지하지 못하니 치료 효과가 크게 감소되고 그래서 병이 잘 낫지 않았던 겁니다.

좋은 게 좋다, 과연 그럴까?

한국과 달리 미국 약사들은 4시간 또는 5시간마다 정확히 약을 복용하라고 이야기한다. 이를 본 경기도 성남시 약사회는 대충복약지도를 탈피하여 과학적 복약지도운동을 전개하기로 했다.

정말 바람직한 운동이 아닐 수 없다. 애매모호함, 흐리멍텅함, 대충대충은 생산성을 저해하는 대표선수다. 이 때문에 혼란이 생기거나 곤욕을 치르게 되는 경우도 많다.

한번은 지방의 어떤 유적지를 찾아가는데 길을 잘 몰라서 동네 주민에게 물어보니 거의 다 왔다고 했다. 그런데 차로 30분이나 더 걸렸다. 대체 그 '거의 다'란 얼마를 뜻하는지 다시 한 번 묻고 싶다. 그렇게 오래 걸릴 줄 알았더라면 아예 포기했을 것이다. 흔히 '착하다'고 하는 사람들에게서 보이는 전형적인 모습을 유적지에서 또 한 번 만난 셈이다.

착하다는 말보다 더 조심할 말이 '좋은 게 좋다'는 것이다. 좋은 게 좋다는 말에는 귀찮으니까 시시비비를 가리지 말고 그냥 넘어가자는 '대충주의'가 숨어 있다. 바쁜 세상에 뭘 그런 걸 다 따지고 사느냐는 '적당주의'다. 또 이것저것 따져서 자신의 이미지를 손상시키기보다 차라리 침묵을 지켜 너그러운 사람으로 보이자는 '보신주의'이기도 하다. 아니면 잘못된 점을 직시하지 못하거나 문제점을 찾아내지 못하기 때문에 모든 게 좋아 보일 수도 있을 것이다. 어쨌거나 결과는 같다. 정체와 퇴보 말이다.

대충 했는데 결과가 좋을 수 있겠는가? 문제점을 덮어버렸는데 뛰어난 성과가 나올 수 있겠는가? 짚고 넘어갈 것을 짚지 않았는데 같은 문제가 재발하지 않을 도리가 있겠는가? 실수와 사고는 반복되고, 악화가 양화를 구축하고, 생산성은 저하되고, 손실은 산더미처럼 쌓여간다.

우리들이 흔히 쓰는 '~같아요' 식의 말투도 경계해야 한다. 좋다는 건지 나쁘다는 건지, 하겠다는 건지 말겠다는 건지 정확한 의중을 알 수 없는 말버릇이다. 자신감이 결여된 언어 습관에서 비롯된, 불분명한 의사표현의 대표격이다. 마치 남 이야기를 하듯 하니 태도는 어정쩡하고 결정은 무한정 미루어질 수밖에 없다.

시시비비를 확실하게 가려 문제의 원인을 제대로 밝혀내야 적절한 처방이 나오고 지속성장의 기틀을 마련할 수 있다. 남들이 그러니까 나도 그런다는 '대충복약'의 관행과 고정관념으로는 과오의 역사가 계속해서 되풀이될 수밖에 없다.

위험하면 당신이 피해라?

안전 의식의 차이

오래전 일산 호수공원에서 겪은 일이다. 휴일을 이용해 온 가족이 자전거를 타고 공원을 돌고 있었다. 나와 아이들은 자전거에 익숙했지만 집사람은 배운 지 얼마 되지 않아 아직 미숙했다. 그날따라 사람들이 어찌나 많은지 자전거 타기가 매우 조심스러웠다.

그때였다. 바로 앞 언덕배기에서 한 젊은 여자가 브레이크도 밟지 않고 빠른 속도로 달려 내려오고 있었다. 사람이 이렇게 많은데 어쩌려고 저러나 내심 불안했다. 결국 일이 터지고 말았다. 그녀를 보지 못한 집사람이 타고 있던 자전거와 충돌한 것이다. 그나마 집사람은 가벼운 상처를 입은 정도였는데 그녀는 완전히 의식을 잃어버렸다. 혹시 잘못된 것은 아닌가, 나도 놀라고 집사람도 당황했다. 사람들이 몰려들고 그녀의 동료인 듯한 사람도 달려왔다. 한동안 꿈쩍도 안 하던 그녀는 동료가 몸을 흔들어 깨우자 얼마 후 의식을 회복하는 듯 보였다. 안도의 한숨이 나왔다.

그런데 황당한 것은 그녀가 깨어나서 보인 행동이었다. 자기 잘못은 전혀 모르고, 단지 재수가 없어 그랬다는 투였다. 집사람에게 사과 한마디 없는 것은 물론, 자신이 얼마나 위험하게 행동했는지 반성하는 빛을 조금도 찾아볼 수 없었다. 정신이 없어 그랬다고 하기에는 그녀의 행동이 너무 염치없었다. 사람들이 알아서 피하겠거니 생각한 듯했다.

전후좌우를 살피지 않고 그저 앞만 보고 가는 사람들이 있다. 위험하다고 판단되면 네가 먼저 피하라는 식으로 대범하게(?) 구는 사람들이다. 깜빡이도 켜지 않고 불쑥 끼어드는 운전자, 이것저것 살피지 않고 소리 지르고 화부터 내는 상사, 사려면 사고 말려면 말라는 식의 가게 주인, 현실성도 없이 화려한 공약만을 앞세우는 정치인들이 모두 이에 속한다.

주춧돌이 젖어 있으면 우산을 펼쳐라

제주도 중문관광단지 안에 있는 최고급 호텔에서 있었던 일이다. 중국에서 온 손님들과 어울려 저녁에 술을 많이 먹고 난 다음 날 아침, 술도 깰 겸 사우나장을 찾았다. 처음 가는 곳이라 낯설었다. 문을 열고 들어가 탕 안에 발을 딛는 순간, 발이 미끄러지면서 꽈당 하고 나동그라지고 말았다. 왜 그런가 했더니 탕 안쪽의 사람 앉는 곳이 반질반질한 돌로 되어 있었다. 지배인에게 자초지종을 이야기했더니 미안하다는 말만 되풀이할 뿐이었다. 처음에는 별것 아닌 듯했는데, 시간이 지나면서 다리에 통증이 오기 시작하더니 점점 심해져서 한 달 동안이나 다리를 절룩거리며 다녀야 했다.

몇 년이 지나 그 호텔에 다시 가게 되었다. 내게 고통을 준 사우나에 가보았다. 예전 그대로였다. 반질반질한 돌도 그대로 있었다. 도대체 생각이 있는 사람들인가? 그동안 나 같은 피해자가 몇 명이나 더 있었을까? 이런 호텔이 5성급 호텔이고 아직도 떳떳이 사업을 하고 있다는 사실에 아연할 따름이었다.

비슷한 일이 또 있었다. 모 골프텔에서였다. 제법 호사스러운 숙박시설이었다. 동료 교수와 둘이서 방을 쓰게 되었다. 첫날 화장대 쪽으로 가다가 나는 사우나에서와 똑같은 경험을 되풀이할 뻔했다. 중간에 놓인 턱에 걸려 넘어지기 직전까지 간 것이다. 제법 높은 턱이다. 2박을 하는 동안 서너 번이나 턱에 걸렸다. 함께 숙박한 동료 교수도 나와 비슷한 상황을 여러 번 겪었다. 아무리 시설이 호화스러워도 다시는 가고 싶지 않은 곳이다.

참 대범한 사람들이다. 바닥이 미끄러워 다치는 사람이 속출해도, 턱이 높아 걸려 넘어질 뻔해도 눈도 깜짝 않는 사람들…. 이들은 언젠가 소 잃고 외양간을 고치게 될 것이다. 끊임없는 경고 신호에도 꿈쩍하지 않은 대범함의 종말을 겪게 될 것이다.

1997년 IMF 외환위기도 알고 보면 예고된 일이었다. 눈덩이처럼 불어나던 외채 문제, OECD 가입과 같은 대외개방에 따른 사후관리시스템의 부재, 정부당국 내의 정보공유 제한 등 이미 총체적 위기의 징후가 드러나고 '한국이 제2의 멕시코가 될 수 있다'는 경고가 끊임없이 나오는데도 정부와 은행은 이렇다 할 조치를 취하지 않았고, 남의 나라 일처럼 방관하다시피 했다. 한마디로 대범함의 극치였다. 혼란과 고통은 모두 죄 없는 국민들의 몫이 되었다.

'초윤장산(礎潤張傘)'이란 말이 있다. '주춧돌이 젖어 있으면 우산을 펼치라'는 말이다. 모든 사건은 발생하기 전에 징후가 나타나니 그 조짐을 잘 살펴 미리미리 대비하라는 뜻이다. 세상에 아무런 연고 없이 갑자기 터지는 일은 없다. 삼풍백화점이나 성수대교 붕괴 같은 대형사고도 그렇다. 기업이 망하는 것도 개인이 무너지는 것도 다 사전에 전조를 보인다.

듀폰의 사무실에 문턱이 없는 이유

안전사고 하면 자연 듀폰이란 글로벌 기업이 떠오른다. 안전에 병적으로 집착하는 기업이기 때문이다. 1802년 만들어진 듀폰은 화약으로 사업을 시작했다. 사업 초기 폭발사고를 많이 경험했고 그 때문에 수차례 경영 자체가 흔들리는 위기를 겪기도 했다. 듀폰은 안전, 윤리, 환경보호, 인간존중이란 가치를 중심에 두고 있는데 그중에서도 최우선 가치는 바로 안전이다. 또 모든 업무의 목표도 직장 내에서의 상해, 질병, 사고율을 제로로 만드는 것이다. 새 공장을 짓거나 재건축을 하면 최고경영자가 가동해보기 전에는 어떤 종업원도 들어갈 수 없다. 1811년 안전규칙을 제정했고, 1912년 업계 최초로 공정안전관리원칙을 만들었다. 이들이 만든 안전에 관한 원칙들은 이렇다.

◆ 모든 사고는 방지할 수 있다.

◆ 경영자는 안전과 보건에 대해 책임져야 한다.

◆ 모든 운영상의 위험은 통제될 수 있다.

◆ 안전하게 작업하는 것은 고용의 조건이다.

◆ 종업원은 필수로 '안전과 보건' 교육을 받아야 한다.

◆ 경영자는 '감사(audit)'를 필수로 해야 한다.

◆ 결점은 신속하게 교정되어야 한다.

◆ 일과 외(off-the-job)의 안전도 중요하다.

◆ 안전과 보건이 잘 지켜지는 게 경영이 잘되는 것이다.
◆ 종업원이 핵심이다.

말로만 그러는 게 아니라 실제 경영활동에서 이 원칙들을 충실히 이행한다. 우선 사무실에 문턱이 없다. 문턱에 걸려 넘어지는 사고를 방지하기 위해서다. 모서리가 있는 가구도 없었다. 직원 간 충돌을 방지하기 위해 복도 교차로에는 볼록거울을 설치했다. 차를 운전할 때 안전벨트 매는 것은 기본이다. 운전석뿐 아니라 뒷좌석에 앉은 사람도 매야 한다. 회의 시작 전에는 반드시 비상구의 위치를 알려준다. 계단을 내려갈 때도 반드시 손잡이를 붙잡고 내려가야 한다.

세계적인 농수산물 유통회사인 카길도 듀폰에 못지않다. 이 회사는 안전과 종업원의 안전의식을 가장 중시한다. 그렇기 때문에 안전사고가 나면 다른 성과가 좋아도 그 해의 성과는 없는 것으로 간주한다. 당연히 진급이나 인센티브는 없다. 유통회사인지라 운전기사가 많은데, 운전 중에는 아예 핸드폰을 꺼놓아야 한다. 어기는 사람은 해고다. 주기적으로 '사고를 낼 가능성에 대한 리포트(Near Miss Report)'를 제출해야 한다. 구체적인 항목, 예상 결과, 근본 원인 등을 보고한다.

한 사람이 사고를 당하면 그 영향은 말로 다 할 수 없다. 당사자의 고통은 물론이거니와 회사의 손실도 그렇고, 동료들도 깊은 상처를 입는다. 상해처리 비용, 보험 비용, 정신적 비용 등 유형·무형의 비용이 엄청나다. 가장을 잃은 가정은 풍비박산이 된다. 자녀들은 제대로 교육을 받지 못하고 배우자는 평생 그 상처를 가슴에품고 산다. 하지만 조금만 관심을 기울이면, 작은 안전의식만 있어도 가래로 막을 일을 호미로 막을 수 있다.

쉼표 하나의 위력

세밀함과 소홀함의 차이

세르히오 가르시아는 19세에 골프에 입문하여 '골프 신동'이라는 찬사를 받으며 '골프 황제' 타이거 우즈를 능가할 재목으로 손꼽혔다. 그의 주무기는 강력한 스윙으로 뒷받침되는 장쾌한 드라이브다. 그러나 우승 문턱에서 무릎을 꿇는 경우가 많았다. 이유가 무엇일까?

가르시아는 환상의 드라이브로 많은 팬들을 열광케 했다. 하지만 결정적인 약점이 있다. 바로 퍼팅이었다. 그린 적중률은 세계 상위권이지만 라운드당 퍼팅 수는 하위권에 머무는 경우가 많았다. 그린까지 가는 길은 비교적 순조로운 편이었지만 홀에 도달하기가 험난했다는 이야기다. 당연히 우승은 정교한 퍼팅을 자랑하는 타이거 우즈나 필 미켈슨에게 돌아갔다. 결코 장타자가 아닌 박인비가 많은 우승을 거둔 것도 세계 최고 수준의 정교한 퍼팅 덕이었다.

골프에서 정교함이 최후의 승자를 가르듯, 협상과 계약에서도 세밀함은 결과를 좌우하는 결정적인 요소로 작용한다. 잘못 내뱉은 말 한마디가 잘나가던 협상 분위기에 찬물을 끼얹거나 문구 하나가 빌미가 되어 분쟁과 소송으로 이어지는 경우가 의외로 많기 때문이다. 특히 마지막 계약 단계에서 반드시 확인했어야 할 내용을 '믿으니까'라면서 안이하게 밀고나갔다가 엄청난 후폭풍을 부르기도 한다.

신주식 전 CJ그룹 부사장이 중국 사업을 총괄하고 있을 때의 일이라고 한다.

"중국 수입상과 좋은 분위기에서 협상을 끝내고 계약서를 쓰게 되었습니다. 상대방이 수입품 품질 조건에 대해 '견본과 동일한 것'이라는 문구만 넣자고 제의하더군요. 까다로운 조건이 아니기에 '좋다'고 했지요. 그러나 중국 내에서 제품 가격이 떨어지자 수입상이 태도가 돌변해서는 품질이 샘플과 맞지 않는다는 억지 주장을 펴기 시작했습니다. 그들이 끝까지 인수를 거부해 수출품은 결국 항구에서 폐기되고 말았습니다. (…) 서로 다른 뜻으로 해석될 수 있는 문구나 단어를 절대 계약서에 넣어서는 안 됩니다. 일부 악덕 중국 상인은 고의로 모호한 표현을 써 상대방을 공격하기도 하거든요."

계약서의 쉼표 하나 때문에 213만 달러를 날리게 된 경우도 있다. 캐나다의 케이블전화 서비스업체인 로저스커뮤니케이션은 전신주 9만 1,000개를 임차하면서 전신주 사용권 위탁업체인 알리안트와 계약서를 주고받았다.

Shall continue in force for a period of five years from the date it is made, and thereafter for successive five year terms, unless and until terminated by one year prior notice in writing by either party.

(계약은) 합의일로부터 5년간, 그리고 그 이후 5년간, 계약종료 1년 전 까지 서면통지가 없는 한 유효하다.

문제의 발단이 된 문장이다. 두 번째 쉼표가 없었다면 계약은 10 년간 유효했을 텐데, 쉼표가 들어감으로써 1차 5년이 지난 뒤 계약 을 파기할 수 있다는 해석이 가능해졌다. 알리안트는 1차 계약 기 간인 5년이 지나자 계약을 종료하고 무려 3배나 오른 사용료를 조 건으로 다시 계약을 맺겠다고 통보했다. 10년 임대를 보장받았다고 안심했던 로저스는 뒤통수를 얻어맞은 기분이었다. 그렇게 될 경우 213만 달러를 추가로 지불해야 했기 때문이다. 로저스는 언어학자

까지 동원하여 쉼표의 무의미성을 증명하려 했지만, 결국 캐나다 방송통신위원회(CRTC)는 "쉼표의 법칙에 근거해서 본다면 1차 5년 기간이 끝난 뒤 계약을 종료할 수 있다"며 알리안트의 손을 들어주었다.

보따리문화와 007가방문화의 차이

어느 글에선가 '동양문화는 보따리문화이고 서양문화는 007가방 문화'라는 표현을 본 적이 있다. 무엇이든 제대로 확실하게 정리되어 있어야 직성이 풀리는 서양식 사고와, 모든 걸 한데 뭉뚱그려놓는 동양식 사고를 빗댄 것이다. 참으로 공감이 가는 말이다.

같은 동양권이라도 중국은 그나마 '만만디 문화'와 '실리주의'가 몸에 배어 있어 이것저것 충분히 따져보고 협상과 계약을 진행하는 편이다. 하지만 우리나라 사람들은 비즈니스 관계에서 꼬치꼬치 따지는 것을 '쩐쩐하다'고 생각한다. 작은 일에 집착하면 큰일을 할 수 없다고 공공연히 말한다. 계약은 요식행위일 뿐 성사만 되면 그뿐이라고 자기중심적으로 판단한다. 그러면서 관련 정보나 조건을 자세하게 뜯어보지 않고 성급하게 계약부터 맺고 보자는 식으로 덤벼든다. 어떻게 해서 계약이 체결되고 나면 계약서 한 장으로 모든 문제가 다 풀린 양 여기저기 떠벌리고 다닌다. 설사 문제가 생기더라도 그때 가서 해결하면 된다는 식이다. 참으로 통 큰(?) 사람들이 아닐 수 없다.

누구나 그렇겠지만 나도 이제까지 살아오는 동안 적지 않게 계약을 체결해보았다. 때로는 갑이 되어, 때로는 을이 되어 갖가지 계약을 맺어왔다. 각기 다른 계약이었지만 그때마다 공통적으로 느끼는 점 중 하나는 사람들이 계약서 내용을 꼼꼼히 살피지 않는다는 것이다. 다 그런 건 아니지만, 계약서를 앞에 두면 거의 예외 없이 사인을 하거나 도장 찍기에 바쁘다. 한두 가지 주요 사항만 체크하고 나면 모든 건 상대방의 처분에 맡긴다는 듯한 태도다.

만일의 경우에 대비하는 준비와 요구, 해결 절차를 묻고 확인하는 사람을 만나기란 결코 쉽지 않다. 미국을 비롯한 선진국에서는 보기 힘든 모습이다. 이런 것 하나에서도 우리와 선진국의 차이가 드러난다. 그렇다면 이 차이의 근본 원인은 무엇일까? 우리는 서로 믿고 그들은 믿지 못해서일까?

우리나라 사람들은 '계약'을 종결로 받아들이는 경향이 강하다. 마치 결혼을 사랑과 신뢰의 완성으로 여기는 것처럼 말이다. 성혼선서는 그저 결혼식의 한 과정일 뿐이라고 생각한다. 결혼의 근본 의미를 잘못 이해하고 있는 것이다. 결혼이란 두 사람의 관계를 지탱하고 바로잡아주는 원천적 계약이다. 그런데도 우리는 계약서를 좋은 관계를 맺는 형식쯤으로 치부한다. 상황이 달라지거나 이견이 생겨 관계가 틀어질 경우를 대비하여 마련해두는 안전장치라는, 계약의 본래적 의미를 깨닫지 못하기 때문이다. 법무법인 세종의 김두식 변호사가 한 말이다.

"계약 해석을 둘러싼 분쟁은 피를 나눈 형제간이나 부부간에도 발생한다. 한 울타리에 산다고 해서 생각이 같은 것은 아니다. 하물며 오늘날은 생각과 문화가 다른 사람들이 국경을 넘어 거래하지 않는가. 문화가 다른 사람들 간의 계약일수록 더 세밀하고 정확해야 한다."

'앞으로 남고 뒤로 밑진다'는 말이 있다. 계약 과정 하나하나에 소홀함이 없어야 처음에만 좋고 나중에 손해 보는 우를 범하지 않을 수 있다. 기업과 기업, 국가와 국가 사이에 날로 치열해지는 글로벌 비즈니스 전쟁에서 쉼표 하나에도 주의를 기울이는 세심함이야말로 우리가 반드시 갖추어야 할 경쟁력의 바탕이다.

맥도날드가 학생들을 망친다?

디테일과 본질의 균형

당장 드러나지는 않지만 결국엔 작은 차이가 인생과 비즈니스의 운명을 갈라놓는다. 그리고 그 작은 차이는 어떤 일에도 세심함을 잃지 않는 디테일이 좌우한다.

디테일의 중요성은 재론의 여지가 없지만, 그래도 몇 가지 짚고 넘어갈 부분이 있다. 디테일 하면 흔히 갖게 되는 편견이나 편향성을 재고하기 위해서다. '세심한 사람은 통이 작다, 디테일엔 강한데 전략이 약하다, 한 가지에 집착하여 다른 것을 헤아리지 못한다' 등등의 인식이 있는데 실제로 그러한지, 그와 같은 경향이 있다면 이를 어떻게 다루어야 할지를 생각해보자.

의류회사의 김 사장은 정리정돈의 중요성을 무척 강조한다. 정리정돈을 잘하는 사람이 다른 일도 잘한다는 논리다. 그 자신이 워낙 깔끔하기도 하다.

깔끔한 사장과 성실한 직원들. 평온하던 의류회사에 이상기류가 흐르기 시작한 것은 사무실을 이전하면서부터였다. 전에 쓰던 사무실은 창고도 많고 샘플 보관실도 많아 옷을 보관하는 데 별 어려움이 없었다. 그런데 시내에 있는 사무실로 옮기면서 창고와 보관실이 없어졌다. 공간이 좁아지다 보니 샘플이나 옷을 보관하는 데 애로가 많았다. 사무실에 늘어놓으면 사장이 난리를 치니 안 보이는 어딘가에 쑤셔 박아놓는 것이다. 정리하지 않은 채로 두다 보니 샘플을 찾는 데 한나절이 걸리고 일의 효율성이 떨어졌다. 직원들은 사장을 원망하며 투덜거리기 시작했다.

"정리정돈, 좋지요. 하지만 샘플 둘 데는 마련해놓고 정리정돈을 외쳐야 할 거 아닙니까? 샘플을 머리에 이고 있을 수도 없고, 정말 답답합니다."

이 이야기를 들으니 군대 시절 내무검열이 생각났다. 매주 토요일 중대장이 내무반의 청소, 정리정돈 상태를 점검했다. 수십 명이 모여 생활하는 곳이니만큼 온갖 잡동사니가 차고 넘쳤다. 주중에는 그럭저럭 지내다가 토요일만 되면 이를 옆에 있는 창고나 숲으로 옮겨놓았다. 중대장의 눈만 벗어나면 된다는 취지에서였다. 그 야말로 '눈 가리고 아웅' 하는 격이었다.

깨끗이 정리정돈하는 것은 정말 좋은 일이다. 하지만 본질을 벗어나지 않는 것이 중요하다. 사무실은 일을 하기 위한 곳이고, 내무반은 군인이 휴식을 취하는 곳이다.

맥도날드와 로레알의 차이

KFC가 요리의 왕국 중국 시장에서 잘나가는 것은 맛이 특별해서가 아니다. 어디서나 균일한 품질의 닭튀김을 제공하기 때문이다. 그런 의미에서 디테일은 재료와 요리공정을 표준화하고 시스템화하는 데 필수적이다. 디테일 부족으로 인한 조그만 차이가 표준화를 망치기 때문이다.

반대로 표준화가 망치는 것이 있다. 바로 창의성이다. 표준화를 위해 공정 전체를 획일적으로 컨트롤하는 사이 창의성은 숨을 죽이게 된다. 모든 것이 정해져 있기 때문에 기계처럼 움직일 수밖에 없다. 자발적으로 새로운 맛에 도전하거나 고객의 취향에 맞추어 융통성을 발휘하기란 애초에 불가능한 일이다.

미국 대학에서 조교를 하던 분이 이런 이야기를 들려주었다.

"한국에서도 조교를 해봤지만 가장 큰 차이점은 미국 대학은 모든 것이 매뉴얼로 자세히 정리가 되어 있다는 점입니다. 고민할 필요도 없고 따로 생각할 필요도 없더군요. 거기에 나와 있는 대로 하면 되는 겁니다. 예를 들어 학생이 이메일로 무언가를 질문하면 반드시 24시간 내에 답신을 해야 한다는 규정이 있습니다. 그랬더니 제 자신이 아주 드라이하고 사무적이 되더군요. 우선 이메일을 별로 보고 싶지 않았습니다. 규정된 것 외에는 아무것도 하고 싶지도 않았고요. 그 학생에게 충실하겠다는 생각보다는 아무 답변이라도 24시간 내에만 하면 된다는 생각이 들더군요. 너무 디테일한 규정은 자발성을 꺾는다는 것을 경험했습니다."

비슷한 예로 미국에서 맥도날드가 학생들을 망치고 있다는 뉴스를 본 적이 있다. 워낙 치밀하게 모든 것을 규정하다 보니 사람들의 창의성을 죽인다는 내용이다. 고객응대도 매뉴얼대로만 따라 하면 된다. 고객에게 어떻게 해야 좋은 인상을 줄 수 있을까 같은 생각은 할 필요도 없다. 정해진 틀 안에서만 일하다 보니 일과 사람에 대한 인식이 달라질 수밖에 없다. 매뉴얼이 없으면 아무것도 하지 않고 일단 새 매뉴얼부터 만든다는 일본에서 초·중학생의 창조성과 응용력이 현저히 떨어진다는 조사 결과도 매뉴얼의 역기능을 말해준다.

어떤 절차나 프로세스 없이, 매뉴얼과 상관없이 일하는 것보다는 정해진 프로세스가 있고 시스템이 있는 편이 훨씬 효과적이라는 점은 부인할 수 없는 사실이다. 그렇지만 조금의 여지도 없이 일체를 표준화하는 일 역시 바람직하지 않다. 또 100% 그렇게 될 수는 없는 것이 세상 이치이기도 하다. 시스템화할 수 있는 것은 시스템화하되 그렇지 않은 부분은 현장과 개인에게 맡겨두는 게 바람직하다.

세계적인 화장품회사 로레알은 개인의 창의성을 중시하는 철학을 가진 곳으로 유명하다. 이 회사에서 가장 많이 오가는 말은 '컨프런테이션(confrontation)'이다. 우리말로 번역하면 '갈등 구조 만들기, 대결하기' 정도가 될 것이다. 좋은 게 좋은 것이라는 식으로 넘어가지 말고 자유롭게 자기 의견을 제시하고, 상대와 의견이 다르면 충돌이 생기더라도 결론을 내라는 이야기다. 또 하나는 '어서티브니스(assertiveness)'다. '소신' 정도로 번역할 수 있다. 즉, '자기주장을 분명히 가지라'는 것이다. 어떤 아이디어에 대해 자기 생각을 가지고 드러내라는 것이다. 그리고 상대와 생각이 다르면 논의를 통해 생각을 다듬으라는 이야기다. 프랑스 회사다운 철학이다. 이 회사는 시스템을 치밀하게 만들어놓지 않는다. 일부러 그러는 듯하다. 시스템이라고 불릴 게 별로 없다는 이야기도 한다. 이유는 간단하다. 모든 것을 일일이 규정해놓으면 창의성이 떨어진다는 것이다. 이러한 철학은 교육에도 그대로 적용된다. 이 회사의 교육은 강의 형식이 아니라 회사의 철학과 비전 등을 공유하고 의견을 나누게 하는 토론식으로 진행된다.

생각은 대범하게, 실행은 세밀하게

펜싱 선수 출신인 한 CEO에게서 "고수가 되기 위해서는 "견(見)하면서 동시에 관(觀)할 수 있어야 한다"는 말을 들은 적이 있다. 부분에 집중하면서 동시에 전체를 볼 수 있어야 한다는 말이다. 디테일하면서도 느슨해야 한다, 치밀하면서 동시에 융통성이 있어야 한다, 즉 전체를 보면서도 따져야 할 부분은 디테일하게 따질 수 있어야 한다는 뜻이다.

경영인은 5분 후에 일어날 일과 5년 후의 일을 동시에 살필 수 있어야 한다. '착안대국 착수소국(着眼大局 着手小局)'이라는 바둑 용어가 있다. 대국적으로 생각하고 멀리 보되, 실행에 들어가서는 한 수 한 수에 집중하라는 뜻이다.

단기적인 성과에만 신경을 쓰다 보면 장기적인 부분을 소홀히 하기 쉽다. 그렇다고 장기적인 일에만 신경을 쓰다 보면 단기적인 이슈에 문제가 생길 수 있다. 전체를 보면서 부분을 볼 수 있어야 하고, 부분적인 것을 세심하게 관찰하면서 동시에 전체를 조망할 줄 알아야 한다.

무슨 일을 하든 거시적 안목으로 큰 흐름을 읽은 다음 실행은 작은 것부터 구체적으로 하나씩 풀어간다면 성공의 반석 위에 오르게 될 것이다.

디테일이 목적이 될 수는 없다

세상에서 제일 피곤한 사람은 자신에게는 너그럽고 남에게는 인색하여 잘 따지는 사람이다. 하나도 그냥 넘어가는 법이 없는 사람이다. 그 반대가 되어야 한다. 자신에게는 엄격하고 남에게는 관대해야 한다. 그런 면에서 너무 반듯하고 윤리적이고 바른 생활만 외치는 사람과 같이 지내는 일은 쉽지 않다. "성자와 함께 사는 것이 성자가 되는 것보다 힘들다"는 미국의 종교학자 로버트 네빌의 말도 같은 맥락이다.

'연못을 말려 고기를 잡는다(竭澤而漁)'는 말이 있다. 가장 빠른 시간 내에 고기를 많이 잡는 방법이다. 하지만 더 이상 고기를 잡을 수 없다. 육체를 혹사하면서 일을 하는 것도 그렇다. 단기적으로는 성과를 내는 것 같지만 오래가지 못한다.

그런 면에서 항상 기억할 단어가 바로 '균형'이다. 단기와 장기의 균형, 긴장과 느슨함의 균형, 일과 휴식의 균형, 소프트한 것과 하드한 것의 균형, 감성과 이성의 균형….

디테일도 그렇다. 디테일이 중요하다고 해서 교조적으로 맹신해
서는 곤란하다. 일과 인간관계에서 디테일은 훌륭한 수단일 뿐, 그
자체가 목적은 아니다.

2

끌리는 사람은 무엇이 다른가

——

좋은 인간관계의 비결

밥 한 번 산 적도 없는데…

관계를 만드는 최선의 방법

예전에 대기업 임원으로 있을 때의 경험이다. 부서장이 되긴 했는데 공식 발령이 늦어져 2주 정도 어영부영 지낸 적이 있다. 공식적인 부서장이 아니라 본격적으로 일하기는 어려웠다. 하지만 월급 받는 사람이 그냥 놀기는 어색했다. 그래서 직원들이나 만나보자는 생각으로 하루에 10명씩 면담을 실시했다. 별 생각 없이 한 명씩 불러 차를 대접하면서 의례적인 질문을 던지는 형태로 진행했다. 고향은 어딘지, 결혼은 했는지, 배우자는 무얼 하는 사람인지, 아이들은 몇 살이고 무얼 하는지, 부모님은 살아 계신지, 회사생활 하면서 어려운 점은 없는지 등의 뻔한 질문이었다. 하지만 그 과정에서 몇 가지 깨달음이 있었다.

한번은 모 과장과 이야기를 하다 배우자에 관해 물었더니 상대의 얼굴이 갑자기 어두워지는 것이었다. 그는 잠시 머뭇거리더니 이렇게 이야기했다.

"사실 집사람과 사이가 좋지 않아 몇 달째 별거 중입니다. 그래서 5살 난 아들 때문에 조금 힘듭니다. 아침에 애 맡기고 저녁에 데리러 가고, 집에 가서 밥 차려 먹이고, 살림하면서 회사 다니려니 보통 일이 아닙니다.…"

고생이 참 많겠다고 위로의 말을 던졌더니 그가 이렇게 말했다.

"사실 집안일 때문에 그동안 회사 일에 소홀했습니다. 하지만 앞으로는 잘 하겠습니다.…"

또 이런 일도 있었다. 부모님은 뭐 하시냐고 물었더니 이런 답이 돌아왔다.

"지난 몇 년간 저희 집은 줄초상이 났습니다. 아버지는 지붕을 고치시다 떨어져 돌아가시고, 어머님은 암으로 돌아가시고, 큰형은 교통사고로 죽고… 정말 집안이 몰락을 한 겁니다. 그러다 보니 세상이 미워져서 술을 많이 마시고 생활이 엉망이 되었습니다."

어떻게 그런 일이 있을 수 있느냐, 정말 힘들었겠다고 공감을 하면서 이야기를 끝냈는데, 이 친구가 이런 이야기를 한다.

"여태껏 회사생활 하면서 업무 외적인 일로 임원 사무실에서 차를 마시면서 개인 이야기를 한 것은 처음입니다. 잘 들어주셔서 정말 감사드립니다. 앞으로는 잘 하겠습니다.…"

별 생각 없이 한 행동이었는데 예상 외로 직원들의 반응은 폭발적이었다. 공식 발령이 있고 얼마 후 직원만족도 조사에서 우리 부서가 1등을 하자 사람들이 부서장이 된 지 얼마 되지도 않았는데 어떻게 그럴 수 있느냐고 물어왔다. 당황한 나는 이렇게 답변했다.

"글쎄요, 저도 이해할 수 없네요. 제가 그들에게 밥 한 번 산 적도 없는데…. 굳이 이유를 따지자면 그들을 불러 개인적인 어려움에 대해 물어보고 열심히 들어준 것 때문이 아닐까 생각합니다.…"

많은 회사들이 미션과 비전을 제시하며 직원들이 거기에 공감하고 따라줄 것을 요구한다. 당연한 일이다. 하지만 직원 개개인에게는 별 관심이 없는 경우가 많다. 내가 직원들을 면담하면서 부인과 별거 중인 사실도 모르고 조금 늦었다고, 혹은 조금 일찍 간다고 야단을 쳤다면 당사자의 기분이 어땠을까? 집안 어른이 줄초상이 난 줄도 모르고 그에게 업무 성과 부진만을 탓했다면 과연 그는 어떻게 되었을까? 정말 아찔한 일이 아닐 수 없다.

타인에게 관심을 가져야 하는 이유

인간은 영혼을 가진 존재다. 나름대로 수천 가지의 개인 사정을 갖고 있다. 물론 남이 이를 다 해결해줄 수는 없다. 다 알 수도 없다. 하지만 그에게 관심을 기울이고 남모르는 사정을 어느 정도 공유하는 것만으로도 많은 사람들은 가슴이 따뜻해진다. 일할 맛이 나게 된다. 우리가 다른 사람에게 관심을 가져야 하는 이유는 그래야 상대도 나에게 관심을 갖기 때문이다.

섬유업을 하는 최 회장은 늘 고향을 떠나 공장생활을 하는 젊은 처자들에 대해 동정심을 갖고 있었다. 또 자식을 외지로 보낸 부모의 마음이 어떨까 하는 생각도 늘 했다. 그래서 매달 월급날 부모들에게 일일이 편지를 썼다. 건강히 잘 있고, 월급이 얼마가 지불되었고, 요즘 보직이 뭘로 바뀌었고, 회사에는 어떤 일이 있고… 나중에는 직원이 늘면서 편지만 전담으로 쓰는 직원까지 채용했다. 당연히 모두가 고마워했고, 온 세상이 극심한 노사분규에 휩싸였을 때도 이 회사는 아무런 문제가 없었다.

같은 부서에 있어 매일 얼굴을 보지만 우리는 동료나 상사, 부하에 대해 얼마나 알고 있는가? 알려고 노력을 했는가? 혹시 그들이 내는 성과에만 관심이 있을 뿐 그가 어떤 사람인지에 대해서는 전혀 관심이 없었던 것은 아닐까? 만약 서로에 대해 아무 관심이 없다면 이 세상은 어떻게 될까? 정말 삭막할 것이다. 관심은 공동체를 만들어가는 필수 조건이다. 관심을 가지면 알게 되고, 알면 사

랑하게 된다. 사랑하면 이해하고 그런 것이 모여 자연스럽게 성과
와도 연결되는 것이다.

관심을 갖는 것은 최고의 사교 도구이자 최고의 직장을 만드는
최선의 방법이다. 내가 직원들에게 관심을 가질 때 직원들은 고객
에게 관심을 가진다. 내가 상사에게 관심을 가질 때 상사 역시 내
게 관심을 가진다. 관심은 인간관계의 출발점이다.

엄마의 눈물, 아내의 감동

가까운 사람부터 세심하게

애완견을 키우는 사람과 친구가 되는 가장 좋은 방법은 애완견과 관련된 선물을 하거나 애완견에 대해 물어봐주는 것이다. 그런 사람과 원수가 되는 길 또한 간단하다. 개 키우는 것에 대해 비판적인 이야기를 하면 된다. "나는 정말 개 키우는 사람을 이해하지 못하겠어요. 식당엘 끌고 오질 않나, 전철에 데리고 타질 않나. 정말 개 없는 세상에서 살고 싶어요"라고 이야기해보라. 그 사람과 곧바로 원수가 될 것이다.

메리어트호텔 창업주 존 윌러드의 아들인 메리어트 2세는 고객 만족에 대해 이렇게 말했다.

"당신이 직원을 보살피면 직원들이 고객을 보살필 것이다."

이는 모든 인간관계에서 그대로 통한다. 가정에서도 마찬가지다.

당신이 처갓집을 보살피면 아내는 시댁을 보살필 것이다. 반대의 경우도 성립한다. 당신이 처갓집을 보살피지 않으면 아내 역시 시댁을 거들떠보지 않을 것이다. 다음은 이와 관련한 사례들이다.

  가난한 집안에서 자란 김 이사는 비교적 풍요로운 집안 출신의 부인을 만났다. 그래서일까. 늘 자기 집 식구에 대한 연민을 품고 있었다. 그리고 기회가 있을 때마다 그런 마음을 표시하기 위해 애를 썼다. 해외출장을 다녀오면 부인이나 아이들 선물은 잊어도 부모형제의 선물은 반드시 챙겼다. 부인은 처음 몇 번은 그러려니 넘어갔지만 계속되는 남편의 행동이 여간 서운하지 않았다. 남편이 결혼만 했지 아직 본가로부터 정신적 독립을 이루지 못한 것으로 보였다. 결혼생활 20년이 넘은 지금, 이제는 그만해도 될 것 같은데 얼마 전 해외출장을 다녀오면서도 남편은 여전히 부모형제만 챙기고 부인과 아이들에게는 아무런 선물도 하지 않는 '만용'을 부렸다.

  참다못한 부인은 더 이상 이렇게 살고 싶지 않다고 선언했다. 결코 그냥 넘어가지 않을 태세였다. 본가에 갖다주라는 선물도 집에 그대로 두었다. 당신이 산 선물이니 당신이 갖다주라면서 어깃장을 놓는데 별다른 방법이 없었다. 남편은 그제야 분명 뭔가 잘못되었고 이대로 가다간 가정의 평화가 깨질 수도 있겠다는 위기감이 들었다. 그렇지만 정작 무엇이 문제이고 왜 부인이 자기에게 그토록 분노하는지 알 수 없다는 반응이었다.

대학에 다니는 아들을 둔 박 여사는 요즘 여간 속이 상하는 게 아니다. 그녀는 아들에게 단단히 삐쳐 있다. 손이 귀한 집안에서 태어난 자식이라고 금이야 옥이야 정성을 다해 키워왔는데, 그런 아들이 배신(?)을 때린 것이다.

한동안 아르바이트를 해서 제법 돈을 모은 아들이 박 여사에게 함께 백화점에 가자고 했다. 속으로 '어이구 내 자식, 신통하기도 하지' 하면서 자기를 위해 선물을 사주려나 기대에 부풀었다. 그런데 여자친구에게 사줄 선물을 골라달라는 것이 아닌가. 평소에 무뚝뚝하고 쇼핑에는 영 재미를 붙이지 않던 아들이 여자친구에게 준다며 눈에 불을 켜고 이것저것 고르는 모습을 보니 부아가 치민다. 기껏 키워놨더니 부모는 안중에도 없고 여자친구만 챙기다니, 이런 꼴을 보려고 그렇게 애지중지했나 하는 생각에 눈물이 다 날 지경이다.

정반대의 사례도 있다.

맞벌이 부부인 이 팀장은 친정부모와 함께 살고 있다. 아이들을 도저히 어떻게 할 수 없어 지방에 계시는 부모에게 간청을 드려 젊은 시절부터 함께 살면서 아이들을 맡겨왔다. 아이들을 봐주기는 하지만 결과적으로 장인장모를 모시게 된 남편에게는 늘 미안한 마음이었다.

결혼 10주년이 되는 날이었다. 느닷없이 남편이 온 가족에게 호텔 레스토랑으로 나오라고 했다. 무엇 때문에 비싼 호텔에서 식사를 하자는 건지, 왜 식구들을 다 나오라고 하는지 의아했는데 식사 도중 남편이 장인장모에게 반지를 내밀었다. 좋은 딸을 주셔서 너무 고맙다는 인사말과 함께. 물론 자신의 것도 있었다. 그리 다정다감한 편이 아니었던 남편의 이 같은 행동에 이 팀장은 얼마나 감동했는지 모른다. 부모님의 감동이야 더 말할 나위가 없었다.

이 일을 계기로 이 팀장은 남편에 대한 생각이 크게 달라졌다. 많은 단점들이 일시에 덮이면서 정말 남편에게 잘해주어야겠다고 결심하게 된 것이다.

인간관계의 절대 법칙

모든 인간관계는 기브 앤드 테이크(give & take)가 기본이다. 주는 대로 받는 것이다. 내가 잘 하면 상대방도 잘 하게 되어 있다. 남편과 아내, 부모와 자식, 상사와 부하, 모든 관계가 그렇다. 세상에 일방적인 관계는 없다. 정성을 다하는 사람과 이를 몰라주는 상대의 관계는 오래가지 못한다. 평소에는 아무렇게나 대하다가 어느 날

반짝 이벤트를 벌여 그간의 잘못을 만회하려는 것은 관계 발전에 별 도움이 되지 않는다. 사람의 마음이란 일정 단계가 지나면 셔터를 내리는 경향이 있다. 마음의 문을 닫고 아무런 기대도 하지 않게 된다. 그런 다음에는 웬만큼 노력을 해도 한번 닫힌 마음을 돌릴 수가 없다. 1년 중 364일 동안 가정에 소홀하다가 특별한 날에만 선물을 내미는 남편, 평소에 직원들한테 아무 관심을 보이지 않다가 어쩌다 한 번 비싼 식당에서 밥을 사주는 CEO를 누가 믿고 따르겠는가.

일등 남편(아내)이 되고 싶은가? 일등 부모가 되고 싶은가? 일등 리더가 되고 싶은가? 가까이 있는 사람을 제일 먼저 챙겨라. 그냥 챙기지 말고 세심하게 챙겨라. 그가 필요로 하는 것은 무엇이고, 말과 표정 속에 담긴 진의는 무엇인지, 그들이 원치 않는 것을 주는 것은 아닌지, 오해와 의심을 사는 행동을 하는 것은 아닌지를 세심하게, 끊임없이 살펴라.

어디쯤 오고 계세요?

신뢰를 쌓는 간단한 방법

S그룹에 강의하러 갈 때마다 나는 직원들의 치밀함과 배려에 감탄을 금치 못한다. 정중하고도 세심한 사전 안내와 부탁은 기본이다. 교육의 목적은 무엇이고, 대상은 누구이고, 그간의 회사 사정은 어땠으며, 사장님이 강조하는 점은 무엇인지 상세히 알려준다. 중간중간 주기적으로 연락하여 잊지 않게끔 주의를 환기한다. 강의 당일에는 항상 배차를 해서 강사가 아무런 불편함 없이 강의장에 도착할 수 있게 한다. 차를 타고 가는 중간에도 몇 번씩 기사에게 확인을 한다. 어디쯤 오고 있는지, 별 문제는 없는지 등등. 그 외에도 지나치다 싶을 정도로 세세한 것까지 물어보고 확인하면서 일을 진행한다. 강의료도 당일에 지급하거나 적어도 그 주를 넘기지 않는다. 강의료에 붙는 세금도 회사 부담으로 처리하여 강의하

는 사람의 기분을 좋게 만든다. 하나하나 따지고 보면 별것 아니지만, 별것 아닌 그런 일들이 사람의 마음을 바꿔놓는 법이다.

반면에 모 글로벌 기업과의 일은 두고두고 맘에 걸린다. 이름만 대면 누구나 아는 유명 기업이다. 수년 전 그 기업의 아시아태평양 지역 회장 초청으로 중국에 가서 열흘간 일을 한 적이 있다. 그 기업은 중국에서 성장을 거듭하고 있는 터라 능력 있는 매니저를 조기에 발굴해 경영자로 배치하는 문제가 시급해졌다. 매니저들을 일일이 인터뷰하고 평가하는 일이 내게 주어진 임무였다. 영어로 중국 사람들을 인터뷰하고 평가한다는 일 자체가 고되고 힘들었지만 새로운 도전으로 생각하고 즐겁게 일했다.

문제는 비용을 지급하는 과정에서 나타났다. 처음에는 불필요해 보이는 서류 제출을 요구하거나 이런저런 이유를 대며 시간을 끌었다. 그러더니 급기야 중국에서 한국에 송금하려면 어디어디를 거쳐야 하는데 언제쯤 절차가 끝날지 모른다는 등 하면서 6개월 이상을 흘려보냈다. 거의 포기하고 있을 무렵 입금이 되긴 했지만 그 회사에 대한 신뢰는 이미 산산조각 나 있었다. 몇 푼 되지 않는 돈을 지급하는 데 1년 가까이 걸리는 회사가 무슨 글로벌 기업인가. 자기들이 받을 돈이라면 어땠을까? 그렇게 질질 끌어도 얌전히 기다리고 있었을까?

한번은 예전에 가르쳤던 제자들과 오랜만에 시내에서 만나기로 했다. 시간에 맞춰 약속 장소에 나갔는데 한 사람도 보이지 않았다. 내가 제일 먼저 도착한 것이다. 무슨 사정이 있으려니 하고 기다리는데 10분 만에 나타나는 사람, 20분 후에 나타나는 사람, 40분이 넘어서 오는 사람…, 기가 막혔다. 명색이 자기를 가르친 선생이고 어른인데 이럴 수 있나 말이다. 게다가 먼저 만나자고 해놓고 이렇게나 기다리게 하다니…. 불쾌했지만 일단 용건을 들어보기로 했다. 그들의 말은, 상사가 요구하는 것은 너무나 많은데 월급은 적고 비전도 보이지 않는다는 것이다. 이런 회사를 계속 다녀야 할지 고민이라면서 앞으로 어쩌면 좋겠냐고 물어왔다. 나는 세상에 쉬운 일이 어디 있느냐, 인내심을 갖고 전문성도 키워서 신뢰를 쌓아 한 걸음씩 올라가라는 의례적인 조언을 해주고 돌아왔다.

얼마 후 그들로부터 다시 만나자는 요청이 왔다. 바쁘기도 하고 전과자(?)인 그들에게 내심 거부감이 들기도 했지만 일단 그러자고 하면서 이번에는 꼭 제시간에 나오라고 당부했다. 하지만 역시나 제시간에 나타난 것은 선생인 나뿐이었다. 전화를 걸어보니 한 친구는 아직도 회사에 있고 또 다른 친구는 오는 중이라고 했다. 나는 지체 없이 말했다.

"자네들끼리 이야기하다 오게. 나는 집에 가겠네!"

비록 한 학기 정도 가르쳤을 뿐이지만 내가 그렇게밖에 못 가르쳤나 하는 자괴감이 들었다. 약속 시간 하나 제대로 지키지 않는 사람들에게 무슨 할 말이 있겠나 싶은 생각이 들어 더 이상의 성의를 보이고 싶지 않았다.

사람 사이의 신뢰란 대단한 일의 축적으로 생기는 것이 아니다. 별것 아닌 일이 쌓이고 쌓여 신뢰를 만들기도 하고 허물기도 한다. 우리 삶에서 그렇게 대단한 일이란 별로 존재하지 않는다. 대부분은 평범한 일상의 반복이고 대수롭지 않은 일들의 연속이다. 정해진 시한에 맞추어 보고서를 제출하는 것, 제시간에 나타나는 것, 무슨 일이 생기면 사전에 이야기해서 양해를 구하는 것…, 이런 것들이 쌓여 신뢰를 구축한다.

건강을 잃으면 모든 것을 잃는 것처럼, 사람 사이에 신뢰가 무너지면 모든 것이 무너지게 되어 있다. 그런 면에서 사소한 것은 결코 사소하지 않다. 당신이 로빈슨 크루소처럼 혼자 살 생각이 아니라면 사소한 것 하나에도 목숨을 걸 줄 알아야 한다.

배려, 디테일의 정수

인기 폭발 불변의 법칙

수년 전 일이다. 처가 어른들이 대전에 있는 집을 정리하고 새집으로 이사를 하게 되었다. 하지만 집을 비워주는 시기와 새집으로 들어가는 시기 사이에 틈이 생겨 석 달을 자식들 집에서 지내게 되었다. 그렇지 않아도 남에게 폐 끼치는 일을 병적으로 싫어하셔서 늘 당신들보다 자식들 걱정이 앞서고 자식을 배려하는 것이 몸에 밴 분들이지만 아들의 집이니 편히 계셔도 될 듯한데, 아침만 드시면 두 분이 어딘가를 가신다는 것이었다. 점심이라도 밖에서 먹어야 며느리가 편하다는 생각에서였다. 무슨 일이라도 생긴 것처럼 아침을 드시자마자 외출하신다는 두 분의 이야기를 들으니 이것이 바로 배려라는 생각이 들었다.

자식들 집에서도 공짜 밥을 먹으면 안 된다며 청소도 하고 쓰레기도 버리고 늘 무언가 도와줄 일을 찾느라 분주하다. 고기를 구울 때도 당신이 구워야 직성이 풀린다. 그렇게 배려가 있는 분들이라 그런지 돌아가신 후에도 계속해서 사람들이 집을 찾아오고 두 분에 대해 이야기하곤 한다.

디테일의 정수는 배려다. 배려는 상대의 입장에 서보는 것이다. 말이나 행동을 하기 전에 다시 한 번 생각해보는 것이다. 내가 이런 행동을 할 때 상대의 기분이 어떨지, 이 말을 해도 괜찮은지, 이런 말에 혹시 상대가 마음 상하지는 않을지를 생각해보는 것이다.

무엇이 명문가를 만드는가

명문가의 특징 중 하나는 배려가 있는 가문이라는 점이다. 구례 류씨가 바로 그런 가문이다. 전남 구례군 토지면 오미리에 운조루라는 대저택이 있다. 1776년 조선 영조 52년에 삼수부사를 지낸 류이주가 세운 곳이다. 99칸의 대저택이었던 이곳의 사랑채와 안채의 중간 지점에 곳간이 있는데, 이 곳간에는 지금도 쌀뒤주 하나가 놓여 있다. 둥그런 통나무 속을 비워내어 만든 뒤주다. 이 뒤주의 특이한 부분은 하단부에 가로 5센티미터 세로 10센티미터 정도의 크기로 뚫어놓은 조그만 직사각형 구멍이다. 이 구멍을 여닫는 마개에 '타인능해(他人能解)'라는 글씨가 새겨져 있다. '다른 사람도 마음대로 이 구멍을 열 수 있다'는 뜻이다. 그러니까 누구라도 와서 쌀을 마음대로 퍼갈 수 있는 뒤주였다. 류씨 집안에서 주변의 가난한 사람들에게 은혜를 베푸는 데 사용한 도구였다. 가난한 동네 사람들이 주 대상이었지만, 지리산 일대의 과객들도 조금씩 쌀을 가져가곤 했다.

왜 주인이 직접 쌀을 주지 않고 이처럼 곳간에 별도로 뒤주를 만들어놓고 알아서 가져가도록 했을까? 사람들의 자존심을 배려해서다. 아무리 가난한 사람이라도 주인에게 직접 쌀을 받아가려면 자존심이 상할 수밖에 없다. 그러나 곳간에 쌀뒤주가 있다면 주인과 대면하지 않고도 편안한 마음으로 쌀을 가져갈 수 있다. 1년에 보통 200가마를 수확하는데 이렇게 나가는 쌀이 약 36가마 정도였다니 20%를 이웃에 기부한 셈이다.

또 한 가지 특이한 점은 굴뚝이다. 이 집의 굴뚝은 높이가 1미터도 안 된다. 공학적으로는 굴뚝이 높아야 연기가 술술 빠지지만 일부러 연기가 높이 올라가지 않도록 설계했다. 쫄쫄 굶고 있는 사람들이 부잣집 굴뚝에서 연기가 펑펑 올라가는 것을 보면 자연히 증오와 질투가 생길 수밖에 없다. 동학농민운동과 여순반란사건, 한국전쟁 등을 겪으면서도 운조루가 불타지 않은 이유가 바로 여기에 있다.

세상의 많은 문제들을 해결하는 가장 강력한 요소 중 하나가 바로 배려다. 부자가 가난한 사람을 배려할 수 있다면, 가난한 사람이 부자의 입장을 헤아릴 수 있다면 얼마나 좋은 세상이 될까? 젊은이가 노인을 이해할 수 있다면, 비장애인이 장애인의 처지와 마음을 알려고 애쓴다면 정말로 살 만한 세상이 될 것이다. 사장이 직원을 존중하고 직원이 사장을 믿고 최선을 다할 수 있다면 노사 문제 없이 그야말로 일할 맛 나는 직장이 될 것이다.

그가 일찍 출근하지 않는 이유

제이에이치케어(JH Care)의 백완규 회장은 배려가 있는 경영자다. 그와는 최고경영자 과정을 운영하면서 알게 되었는데, 힘들고 귀찮고 돈 안 되는 총무 역할을 맡아 열성적으로 운영을 했다.

최고경영자 과정에는 주로 오너 회장, 전문경영인, 대학총장, 장관, 국회의원 등 사회적으로 성공한 인사들이 참여한다. 그렇기 때문에 강의도 강의지만 의전에 각별히 신경을 써야 한다. 백 번 잘하다가 한 번 잘못하면 바로 피드백이 온다. 이런저런 이유로 '가까이 하기엔 너무 먼' 분들이 많다. 하지만 백 회장은 다르다. 그는 늘 음지에서 고생하는 사람들에게 신경을 쓴다. 골프대회 때는 지루하게 기다리는 기사들을 위해 금일봉을 내놓고 선물을 챙긴다. 고생하는 스태프들도 자주 격려하고 뭐라도 해주려고 노력한다. 이를테면 이런 식이다.

"고생이 많습니다. 힘든 점은 없습니까? 여러분 덕에 우리가 즐길 수 있어 정말 고맙습니다."

회원들 사이에 문제가 생겨 도움을 청하면 귀찮은 내색 없이 흔쾌히 들어준다. 그가 배려를 잘하는 것은 본인이 고생을 많이 해서 어려운 사람, 낮은 사람들의 마음을 누구보다 잘 알기 있기 때문이다. 그렇기 때문에 백 회장은 어딜 가나 인기 폭발이다.

한국에서 가장 관복이 많은 분인 오명 씨는 또 어떤가. 그는 이런 이야기를 들려주었다.

"언젠가 출근길에 상사의 차를 발견했습니다. 저는 상사보다 빨리 출근하기 위해 그 차를 추월했지요. 그런데 바로 뒤따라올 줄 알았던 상사가 나타나지 않는 겁니다. 한참이 지난 후 나타난 상사에게 저는 왜 지금 오시느냐고 질문을 했지요. 그랬더니 이렇게 답변을 하시더군요.

'만일 내가 일찍 출근하게 되면 내 비서는 더 일찍 올 것이고 다른 직원들도 내 눈치를 보느라 다들 출근시간이 빨라질 것 아닙니까. 그래서 빙빙 돌다가 지금 온 겁니다.'

그 이야기를 들은 뒤로 저는 일찍 출근하는 버릇을 없앴습니다."

어딜 가나 인기 폭발인 사람은 남을 배려하는 사람이다. 자기를 생각해주는 사람을 반기지 않을 사람은 아무도 없다. 같은 이유로, 남이야 어떻든 자기 욕심만 채우려는 사람을 좋아할 사람은 세상 어디에도 없다.

그런 만큼 지위가 있는 사람에게 배려는 필수다. 지위가 올라가면 갈수록 그를 바라보는 눈도 많아지게 마련이므로, 사심과 야욕으로 가득한 사람은 어떠한 지위든 온전히 누릴 수 없다. 배려가 없는 사람이라면 금방 많은 사람의 입방아에 오를 것이기 때문이다. 설사 눈앞에서는 아부할지라도 뒤돌아서면 욕을 퍼부어댈 것이다. 지위에 걸맞은 영향력을 발휘하려면 주위 사람에 대한 배려를 잊지 말아야 한다.

호텔을 지어드리지요

잘되는 사람과 안되는 사람의 차이

'적덕지가 필유여경(積德之家必有餘慶).' 덕을 쌓은 집안에는 반드시 좋은 일이 생긴다는 한자성어다. 이 말을 모르는 사람은 별로 없다. 하지만 제대로 실천하는 이는 찾기 어렵다. 왜 그럴까?

무엇보다 투자 회수 기간이 길다고 생각하기 때문이다. 눈앞의 이익을 좇으면 그 이익이 바로 나타나지만, 남에게 베푸는 것은 당장에 도움이 되지도 않고 오히려 손해가 난다고 느끼기 때문이다.

지방 호텔 매니저로 일하는 조지 볼트라는 사람이 있었다. 폭풍우가 치던 어느 날, 남루한 차림의 노부부가 예약도 없이 호텔을 찾았다. 마침 그 지역에 큰 행사가 있어 이 호텔뿐 아니라 대부분의 호텔 객실이 다 차 있는 상태였다. 방은 없지, 날씨는 궂지, 차림은 남루하지…, 보통 사람 같으면 다른 곳을 알아보라고 했을 테지만 조지 볼트는 "제 방이 누추하긴 하지만 괜찮으시다면 사용해도 좋습니다"라고 제안하고 자기 방을 제공했다.

다음 날 노부부는 체크아웃하면서 이 매니저에게 깊은 감사를 전하며 이렇게 말했다.

"참 훌륭한 젊은이네요. 정말 많은 신세를 졌습니다. 내가 당신을 위해 세계 최고의 호텔을 지어드리지요."

조지 볼트는 참 희한한 노인들도 다 있다고 생각했다. 그로부터 2년이 지난 어느 날, 그는 뉴욕행 비행기표와 함께 '당신을 위해 호텔을 지어놓았으니 뉴욕으로 와달라'는 편지를 받았다. 그것이 지금 뉴욕 중심가에 있는 궁전 같은 호텔 월도프 아스토리아다. 조지 볼트는 이 호텔의 초대 사장이 되었다. 작은 친절 하나가 한 사람의 인생을 바꾸어놓은 것이다.

강타자의 아름다운 삼진

래리 도비는 메이저리그 최초의 흑인 선수다. 그가 클리블랜드 인디언스팀에서 첫 타석에 들어섰을 때의 일이다. 너무 긴장을 한 나머지 방망이 한 번 휘두르지 못한 채 삼진을 당하고 말았다. 실망한 그는 자리에 돌아가 머리를 감싸 쥐었다. 그다음 타자는 조 고든이었다. 그는 당대 최고의 강타자였다. 감각이 뛰어난 선수여서 삼진을 당하는 경우는 거의 없었다. 그런데 그날은 어찌 된 일인지 연거푸 헛방망이질을 하다 어이없는 삼진을 당했다. 그는 힘없이 돌아가 도비 옆에 앉아 그와 똑같이 두 손으로 머리를 감싸 쥐었다. 왜 그랬을까? 그에게는 다른 뜻이 있었다. 자기 같은 강타자도 안 맞을 때가 있으니 낙심하지 말라는 의미에서 행동으로 동료를 위로한 것이다. 이 일로 도비와 고든은 친구가 되었고, 두 사람의 우정은 오랫동안 유지되었다. 아름다운 삼진이다.

한순간 잘사는 것은 재수만 좋아도 가능하다. 하지만 지속적으로 인정받고 잘사는 것은 운만으로는 절대 불가능하다. 덕을 베풀고 마음 씀씀이가 너그러운 사람만 가능하다. 나 혼자 아무리 잘났어도 주변 사람의 도움과 인정 없이는 지속 가능한 성공을 이룰수 없다. 한마디로 '싸가지(싹수의 방언)'가 있어야 한다. 싸가지라는 말을 인, 의, 예, 지 4가지(사가지)에서 유래했다고 해석하는 사람도 있다. 남을 불쌍히 여기는 마음을 지녀야 하고, 부끄러워할줄 알고, 사양할 줄 알고, 계속해야 할 때와 끊어야 할 때를 알아야 한다는 것이다.

잘나가는 집안의 공통점

사주명리학자 조용헌 선생이 가장 강조하는 대목도 '덕을 쌓는 것'이다. 그가 들려준 말이다.

"큰 기와집을 오랫동안 유지하고 사는 집은 뭔가가 있는 집입니다. 돈이 있다는 이야기고, 자손들이 잘되었다는 이야기고, 프라이드가 남아 있다는 이야기니까요. 무엇보다 전쟁 통에 살아남았다는 사실이 중요합니다. 전쟁이나 난리를 통해 사람들은 그동안에 쌓였던 감정을 주기적으로 청산합니다. 부자들은 자칫하면 가난한 사람들에게 원한을 사기 쉽습니다.

그런 점에서 경주 최씨네와 여수에 있는 영광 김씨네를 본받을 만합니다. 영광 김씨네 집은 영화 〈가문의 영광〉을 촬영한 집으로 유명합니다. 여수는 과거 빨치산의 본거지였지요. 42년생 주인의 부친은 대지주였는데 사람들에게 너그럽기로 유명했답니다.

소작인 중에 자식이 여덟이나 되는 사람이 있었습니다. 자식이 그렇게 많으니 농사를 지어봤자 남는 게 있겠습니까? 소작료를 낼 수가 없었지요. 그렇다고 그냥 면제를 해주면 다른 소작인들이 가만있을 리 없고…. 궁리를 하다 쌀 운반하는 일을 맡겼답니다. 예전에는 쌀을 고진에서 여수까지 배로 운반했는데, 그 배의 사공 겸 쌀을 수집하고 배분하는 일을 시킨 것이지요. 그렇게 되면 소작료를 면제해줘도 명분이 있으니까요. 덕분에 자식 많은 소작인이 살아갈 수 있었지요.

그러다 반란이 일어났지요. 산다는 사람들은 모조리 끌려갔습니다. 대장의 말 한마디에 죽기도 하고 살기도 할 만큼 살벌했지요. 당연히 대지주인 그의 부친도 끌려갔답니다. 조용한 사무실에는 반란군 대장만 있었는데, 부친이 들어가자 신문을 보면서 본 척도 안 하더랍니다. 시간이 계속 흘렀지만 대장은 아무 이야기 없이 신문으로 얼굴을 가린 채 신문만 보고 있더랍니다. 너무 이상하잖아요? 그러다 문득 깨달았답니다. 이것은 도망가라는 사인이라는 것을요. 그래서 부친은 창문을 열고 도망을 해서 목숨을 구했지요. 알고 보니 반란군 대장이 자식 많은 소작인네 장남이었던 것입니다. 자기 아버지를 통해 그 지주의 은혜를 아니 차마 죽일 수는 없고 그렇다고 놔줄 수도 없었지요. 해결책은 모른 척해줄 테니 알아서 도망가라는 것이었습니다.

이처럼 잘되는 집의 특징은 모두 덕을 많이 베푼 것입니다. 특히 자식이 잘되기를 바라는 사람은 반드시 주위 사람들에게 덕을 많이 베풀어야 합니다. 그것만큼 확실한 보험은 없지요."

조용헌 선생의 말대로 잘되는 집과 안되는 집의 차이는 '베풂'이다. 잘되는 사람과 그렇지 못한 사람도 베풂에서 비교가 된다.

가수 조영남 씨는 폭넓은 인간관계로 유명하다. 정치계, 종교계, 문화예술계 등 그의 인맥은 분야가 따로 없다. 비결이 뭘까? 그의 자유분방한 삶의 태도나 유머감각을 좋아하는 사람도 있다. 하지만 그는 우선 사람을 가리지 않고 만난다. 또 남의 말을 잘 들어준다. 게다가 밥값을 잘 낸다고 한다. 남의 말을 들어주고 밥값을 내준다는 것은 결국 관심과 물질을 베푼다는 뜻이 아니겠는가. 이러니 주변에 사람이 많을 수밖에.

나이가 들수록 사는 것이 조심스럽다. 그동안 제대로 살아왔는지, 혹시 나로 인해 상처를 입고 원한을 품은 사람은 없는지, 베풀면서 살아왔는지, 앞으로 잘살기 위해서는 무엇을 어떻게 해야 하는지….

《노자》에 이런 말이 나온다.

"하늘의 그물은 크고 넓어서 엉성한 듯하지만 놓치는 법이 없다 (天網恢恢 疏而不失)."

삶을 돌아보게 하는 데 이보다 더 좋은 말은 없다. 말과 행동 하나하나에 주의하고 또 주의할 일이다. 당신이 하는 일을 하늘이 모두 보고 있으니.

웃지 않는 자는 장사를 하지 마라

유쾌한 사람이 되려면

동네에 메밀국수를 잘하는 집이 있는데 최근에는 가지 않는다. 집주인의 찡그린 얼굴을 보고 싶지 않기 때문이다. 그 사람이 웃는 모습을 본 적이 없다. 늘 화난 얼굴로 카운터를 지키고 있다가, 계산을 할 때만 억지로 썩은 미소를 짓는다. 그래서인지 직원들 표정도 비슷하다. 얼마 전에는 손님들 앞에서 직원과 큰소리로 싸우기도 했다. 도대체 그 사람은 왜 그렇게 인상을 쓰는지 알다가도 모를 일이다. 그래서인지 점차 손님이 줄어드는 것이 보인다. 충성고객이던 나까지 가지 않으니 아마도 조만간 문을 닫을 것이다. 그 사람을 생각할 때마다 '웃지 않는 자는 장사를 하지 마라'는 중국 속담이 떠오른다.

세상에는 두 종류의 사람이 있다. 한 종류는 그 사람이 방 안에 들어감으로써 분위기를 환하게 만드는 사람이다. 웃음이 넘치게 하고, 에너지를 불어넣고, 뭔가 일할 의욕을 불어넣는 사람이다. 다른 한 종류의 사람은 그 사람이 방 안에서 나옴으로써 분위기를 환하게 만드는 사람이다.

당신은 어떤 사람인가? 당신은 어떤 사람과 일하고 싶은가? 아무리 정당한 일을 한다 해도 늘 엄숙하고 경건한 표정을 짓는 것은 문제가 있다. 표정 그 자체만으로 다른 사람을 주눅 들게 하고 분위기를 어둡게 하기 때문이다. 밝은 얼굴은 그 자체만으로 다른 사람들에게 기쁨을 준다. 밝은 얼굴은 그 자체만으로 그 사람이 제대로 된 삶을 산다는 것을 증명한다.

"수행자는 무엇보다 안팎으로 밝게 살아야 한다. 그래야만 그 밝음이 이웃에게 그대로 전해진다. 만약 수행자가 어둡고 음울하다면 그 어둡고 음울함을 털어버리는 일을 제1과제로 삼아야 한다. 수행자는 앞뒤가 훤칠하게 툭툭 터져야 한다. 그래야 그 안에 티끌이 쌓이지 않는다. 그 맑고 투명함이 이웃에게 그대로 비추인다. 사람은 이 세상에 올 때 하나의 씨앗을 지니고 온다. 그 씨앗을 제대로 움트게 하려면 자신에게 알맞은 땅을 만나야 한다. 당신은 지금 어떤 땅에서 어떤 삶을 이루고 있는지 순간순간 물어야 한다."

법정 스님의 말이다.

유쾌한 사람이 되는 4가지 비결

그렇다면 어떻게 해야 유쾌한 사람이 될 수 있을까?

첫째, 내 삶은 내가 만들기 나름이라는 책임의식이 있어야 한다. 늘 입을 잔뜩 내밀고 뚱한 얼굴을 하는 사람들이 있다. 모르긴 몰라도 '정말 세상이 맘에 들지 않아. 주변 사람들도 정말 싫어. 나는 잘 살고 싶은데 환경이 왜 이 모양인지 모르겠어'라는 생각을 하고 있을 것이다. 입을 쑥 내밂으로써 자신의 생각을 겉으로 드러낸다. 하지만 그런다고 달라지는 것은 아무것도 없다. 오히려 남들이 그와 있는 것을 불편하게 생각해 그를 멀리할 것이다. 그러면서 인생은 점점 꼬이게 된다. 환경 탓, 남 탓을 하며 우울한 삶을 사는 사람은 죽은 후 이런 묘비명을 쓰게 될 것이다.

"정말 잘 살고 싶었는데, 못된 인간을 만나 망가진 인생을 살다 가다."

이런 삶을 원하는 사람은 없을 것이다. '내 인생은 다른 사람에게 달려 있지 않다. 오직 나 자신에게 달려 있다. 한 번뿐인 내 인생을 멋지게 만들 수 있는 사람은 오로지 나 자신뿐이다'라는 사실을 받아들여야 한다. 그 순간부터 세상이 다르게 보이고 자신이 원하는 삶을 살게 된다.

둘째, 주도적인 생각을 해야 한다. 불교에서 인생은 고해(苦海)와 같다고 이야기한다. 좋은 일보다는 나쁜 일이 많고, 기쁜 일보다는 슬픈 일이 많다는 것이다. 팔자가 좋아 늘 좋은 일만 있다고 해도 그 삶이 그리 바람직하지만은 않다. 풍광이 좋은 곳에 사는 사람은 자신이 얼마나 좋은 곳에 살고 있는지를 인식하지 못하듯, 팔자가 좋은 사람도 그 사실을 제대로 인식하지 못하는 법이다. 궂은 날이 있어야 갠 날의 고마움을 알 수 있고, 어려운 시절을 겪어봐야 풍요에 감사할 줄 알게 되기 때문이다. 중요한 것은 궂은 날이 왔을 때 어떤 마음을 먹느냐다. 그때 주도적인 생각을 하면 마음이 편안해진다. 세상은 우리 힘으로 어떻게 할 수 없는 일투성이다. 경기 침체로 펀드가 반 토막이 나고, 자녀가 가출을 하고, 배우자가 무능하고 등등의 일은 내 힘으로 막을 수 없다. 하지만 그런 일에 대해 어떤 반응을 보이느냐는 내가 선택할 수 있다. 극도의 어려움이 닥쳤을 때 매일 술을 먹고 난동을 부릴 수도 있지만, 다행히 몸은 건강하다는 사실에 대해 감사 기도를 드릴 수도 있다. 어떤 선택을 하느냐에 따라 인생행로는 분명 달라질 것이다. 주도적으로, 나 자신으로 살아야 한다.

셋째, 충만한 사랑을 주고받을 수 있어야 한다. 가정에 문제가 있는데 직장에서 아무런 문제가 없는 것처럼 지내는 것은 불가능하다. 부인과 사이가 안 좋고, 자식과 갈등이 많은데 활기찬 생활을 하는 것 역시 쉽지 않다. 밖에서 열심히 일하다 보면 배터리가 방전되는데 이를 충전시켜주는 곳이 가정이다. 밖에서 설움과 무시를 당해도 가정에서 사랑과 위로를 받는다면 큰 문제가 되지 않는다. 만약 가정이 그런 역할을 못하면 그 사람은 연료를 공급받지 못한 채 돌아다니는 자동차와 같게 된다. 얼굴에 그늘이 생기고 활기가 떨어지게 된다. 사랑은 사람에게 새로운 의욕과 자신감을 불어넣는다. 힘들어도 누군가가 자신을 사랑하고 자신의 성공을 응원하고 있다는 생각을 하면 힘이 나는 법이다.

넷째, 운동에 많은 시간을 투자해야 한다. 격렬한 운동을 하고 나서 세상을 원망하는 사람은 없다. 북한산 정상 위에서 경기 침체에 대해 두려워하는 사람 또한 없다. 운동은 단순히 몸에만 좋은 것이 아니다. 운동을 하면 자신감이 생기고, 삶에 대해 긍정적 시각을 갖게 된다. 밤낮 책상에만 붙어 있고 운동이라고는 모르는 채로 사는 사람은 삶을 삐딱하게 볼 확률이 높다. 반면에 격렬한 운동으로 땀이 범벅이 되어 샤워를 하는 사람이 삶을 부정적으로 보는 일은 상상하기 힘들다. 인생이 고달픈 것은 어쩌면 우리 몸이 지쳤기 때문일 수 있다. 운동을 하다 보면 정신이 육체를 지배하는 것이 아니라, 육체가 정신을 지배한다는 깨달음이 온다. 운동은 해서 좋은 것이 아니라 반드시 해야만 하는 것이다. 운동은 우리의 몸과 영혼을 치유한다. 보상이며 즐거움의 근원이다. 최고의 재충전 방법이다.

'무재칠시(無財七施)'라는 말이 있다. 돈 없이 베풀 수 있는 7가지라는 뜻이다. 그중의 하나가 화안시(和顏施)다. 부드러운 얼굴이란 말이다. 나는 유쾌한 얼굴이 이것의 상위 개념이라고 생각한다. 늘 에너지 넘치는 표정과 활달한 태도로 사람들을 기분 좋게 하는 사람이야말로 돈 한 푼 쓰지 않고 엄청난 기쁨을 베푸는 것이다. 살기 어렵다며 고개를 떨구고 얼굴을 찌푸리는 대신 생각을 고쳐먹고 유쾌한 사람으로 자신을 바꾸어보는 것은 어떨까.

3

열심히 하는데 결과는 왜 다를까

—

진정한 프로의 길

당신은 청소부가 아닙니다

유능과 무능을 가르는 '이까짓 것'

한 외국계 회사에서 늘 '여성 최초'란 수식어를 달고 다닌 사람이 있다. 그 회사에서 여성 최초로 임원이 되기도 했던 김남희 대윤코퍼레이션 대표가 그 주인공이다. 그녀의 무기는 무엇이었을까?

신출귀몰한 경영 전략도, 탁월한 리더십도 아니었다. 바로 정성을 다하는 복사 실력이었다.

"지방에서 대학을 졸업하고 상경해 처음 취직해서 맡은 일이 복사였어요. 그때만 해도 사무실에 대형 복사기가 귀할 때였습니다. 저는 복사할 때 종이를 대는 판, 덮는 뚜껑을 모두 약품과 걸레로 깨끗이 닦고 종이를 정확히 제자리에 배치한 뒤 복사를 했어요. 복사하면서 생길 수 있는 잡티 등을 없애기 위해서였지요. 그리고 스테이플러도 일정한 위치에 정확히 찍었지요. 언제부터인가 사람들이 복사 서류만 보고도 제가 한 것인

줄 알아보더군요. 하루는 사장님께 제출할 결재서류를 복사하라는 지시를 받았어요. 퇴근 시간이 지나서 복사를 하는데, 양이 많아서인지 그만 복사기가 고장이 났지 뭡니까. 비상연락망을 가동해 퇴근한 복사기회사 직원을 수소문, 심야에 협박 반 애걸 반 수리를 부탁해 결국 새벽 3시 무렵에야 겨우 복사를 마칠 수 있었습니다."

이 이야기가 소문을 타고 사장 귀에까지 들어갔다. 사장은 '복사를 이처럼 정성스럽고 책임 있게 하는 직원이라면 무엇을 맡겨도 잘할 것'이라는 믿음으로 특혜(?)를 주었다. 평소 가고 싶었던 부서에 배치받은 그녀는 변함없는 능력과 자세로 맡은 업무에 충실하여 마침내 임원의 자리까지 올랐다.

김성회의 《성공하는 CEO의 습관》에 나오는 이야기다. 유능한 사원과 무능한 사원, 그저 그런 사원은 복사 하나만 시켜봐도 금방 구별할 수 있다. 무능한 사원은 아무 생각 없이 기계적으로 한다. 그저 그런 사원은 농도 맞춤과 크기 조절 등 기본은 지킨다. 그렇다면 유능한 사원은 어떨까? 읽는 사람의 눈이 편하도록 복사기의 첨단기능을 활용해 인쇄농도 조절은 물론 읽기 좋은 크기로 확대 복사하고 어떤 매체에 언제 실린 글인지 메모까지 해서 전달한다. 탁월한 사원은 다른 매체에 실린 관련 글까지 복사하여 참고자

료로 첨부한다. 당신이 경영자라면 어떤 사원을 쓰겠는가.

신사가 된 청소부

성공한 사람들은 작은 일 하나도 남다르게 처리한다. 꼼꼼하고 야무지다. 보통 사람 눈에는 이들이 깐깐하거나 통이 작고 좀스러운 사람으로 비칠지 모른다. 속도의 시대를 역행하고 있다는 불평을 듣기도 한다. 하지만 작은 일 하나에도 관심과 노력을 기울여 디테일하게 처리하는 태도야말로 성공으로 가는 가장 확실한 길임을 사람들은 모르고 산다.

대박이란 말을 잘 쓰는 사람은 대부분 대박과는 거리가 먼 사람이다. 이 세상에 그들이 말하는 대박이란 없다. 작고 사소한 것들이 쌓이고 쌓여 마침내 대박이 만들어지는 것이다. 매번 삼진을 당하면서 언젠가는 꼭 홈런을 치고 말겠다고 힘껏 방망이를 휘두르는 선수보다는 팀 승리를 위해 매번 성실하게 출루하고 작은 안타라도 치려고 애쓰는 선수가 팀에도 기여하고 선수로서도 대성할 수 있다. 손욱 전 농심그룹 회장은 이런 말을 했다.

"흔히 젊은이들이 '이까짓 것'이란 말을 쉽게 합니다. 하지만 잘못된 말입니다. 이까짓 것을 못하는 사람은 큰 것도 못하는 법이고, 상사도 못 미더워 일을 맡길 수가 없습니다. 작은 것 큰 것 가리지 않고 성실히, 열심히 하는 사람에게 기회는 주어지게 마련이지요."

아무리 거창한 일이라도 처음에는 별것 아닌 데에서 출발한다. 그러나 별것 아닌 일을 제대로 처리하지 못하는 사람에게 거창한 일은 주어지지 않는다.

젊은 시절, 콜린 파월은 콜라공장에서 바닥을 청소하는 일을 했다. 그는 누구보다 청소에 최선을 다함으로써 책임자의 눈에 들어 이듬해 부책임자로 승진했다. 그리고 마침내 미국의 최연소 합참의장, 최초의 흑인 국무장관이 되었다. 무엇이 한 사람의 인생을 빛나는 성공으로 이끄는지를 잘 보여주는 본보기다.

도산 안창호 선생은 매사에 정성을 다한 분이었다. 24세의 나이에 미국으로 건너간 도산이 어느 미국인 가정에서 청소 아르바이트를 한 적이 있다. 어찌나 성실하게 청소를 잘했는지 집주인이 감동한 나머지 처음 약속했던 금액보다 더 많은 돈을 주면서 "당신은 청소부가 아니라 신사입니다"라고 칭찬했다고 한다. 귀국 후에 독립운동을 하다가 옥고를 치를 때에도 감방을 깨끗이 청소하기로 유명했다고 한다. 도산은 '큰일이든 작은 일이든 네가 하는 일을 정성껏 하라'는 자신의 신조를 실천에 옮겼다.

무슨 일을 하느냐보다 훨씬 더 중요한 것이 일을 대하는 기본 태도다. 정성을 다하는 사람은 세세한 데까지 신경을 쓰고, 건성건성인 사람은 빨리 해치우는 데만 골몰한다. 그 결과는 자기도 알고 남도 안다. 사무실 청소를 하건, 물건 배달을 하건, 신문 스크랩을 하건, 복사를 하건 자신이 현재 하고 있는 일에 모든 정성을 쏟고 몰입하는 사람만이 기회를 움켜쥘 자격이 있다. 그 사람에게는 인정과 보상, 승진이 자연스럽게 따라온다.

만찬 전에 국수를 먹는다?

프로와 아마추어가 일하는 방식

지방에 있는 모 기업에서 강의 요청을 해온 적이 있다. 그런데 담당자의 태도가 정중하지 않았다. 상사가 시키니까 마지못해 알아보고 있다는 느낌을 주었다. 다짜고짜 강의료부터 물어보는 것부터 불편했다. 아니나 다를까, 너무 비싸다며 전화를 끊었다. 그러고 나서 몇 주 후 다시 연락을 해서는 비싸도 하자면서 ○○일 ○○시까지 회사로 와달라고 부탁했다. 강의를 요청한 목적이 무엇인지도 알려주지 않았고, 어떤 주제로 강의해달라는 이야기도 없었다.

목마른 놈이 우물 판다고, 할 수 없이 며칠 후 내가 전화를 걸어 필요한 정보를 수집했다. 약속한 강의 날짜가 다가왔다. 그런데도 그쪽에서는 아무런 확인 전화가 없었다. 바로 전날, 내가 먼저 전화해서 예정대로 강의를 진행하느냐고 물었더니 그렇다면서 연락드릴 생각이었다고 했다. 한심하다는 생각이 들었다. 바로 전날까지도 안 한 사람이 언제 연락을 한단 말인가.

가는 날이 장날이라고, 눈이 많이 내릴 거라는 기상예보에 대중교통을 이용하기로 했다. 일단 고속버스를 타고 가서 회사까지는 택시를 타면 될 터였다. 이른 시간이라 아침도 제대로 챙겨먹지 못했다. 버스에서 내려 택시를 타니 기사가 같은 회사가 두 곳 있는데 어느 쪽으로 가면 되느냐고 물었다. 당황해서 즉시 담당자에게 전화를 걸었는데, 받지 않았다. '도대체 이 사람은 강의할 사람이 제대로 오고 있는지 궁금하지도 않은가' 하며 둘 중 한 곳을 택해 방향을 잡았다. 도착하고 보니 다행히 그 회사였다. 그때가 강의 30분 전인데 담당자는 아직 출근 전이었다. 참으로 황당했다. 다른 직원의 안내로 강의장에서 기다리고 있으니 강의 시작 5분 전에 담당자가 도착했다. 별로 미안해하는 기색도 없이 수신을 진동으로 설정해놓아 전화를 받지 못했다며 변명 아닌 변명을 늘어놓았다. 찾아오는 길은 어땠는지, 식사는 했는지 일체 무관심이었다. 당연히 나도 강의에 별로 흥이 나지 않았다.

반면 한국 최고의 모 기업에 근무하는 연수 담당자의 진행 방식은 차원이 달랐다. 공손하고 주도면밀했다. 무슨 일 때문에 전화를 했고, 선생님 명성은 익히 들어 알고 있는데 강의를 허락해주시면

고맙겠단다. 회사의 현황이나 강의를 청하게 된 목적, 원하는 내용과 시간, 참석자 명단 등을 상세히 일러준다. 식사는 집에서 할 건지, 아니면 회사에서 준비를 해야 하는지도 미리 확인한다. 강의가 끝난 후에 사장님과 차 한잔 할 여유가 되는지도 물어본다. 집에서 강의장까지 오가는 길에 불편함이 없도록 차량을 제공하는 것은 물론이다. 기사가 이런 이야기를 들려준다.

"낯선 곳으로 강사를 모시러 갈 경우는 사전답사까지 합니다. 집 찾느라 시간을 못 지키면 안 되잖아요."

프로의 3가지 특징

일을 잘하는 사람과 못하는 사람의 차이는 무엇일까? 못하는 사람은 잘못된 가정을 많이 한다. 지극히 주관적이고 비현실적인 로드맵을 상정한다. 모든 것이 자기가 예정한 스케줄대로 착착 진행될 것이라고 생각한다. 대충 모양새만 갖추어놓고는 만반의 준비가 되었다고 착각하고 다 잘될 거라 방심한다. 불가능이나 차질이란 단어는 애당초 그 사람의 사전에 존재하지 않는 듯하다. 그러니 예상치 못한 차질이 생기면 모든 일이 엉망으로 돌아간다. 아무 대비를 하지 않았으니 임시방편을 마련할 수도 없다. 아마추어도 이런 아마추어가 없는 것이다.

일을 잘하는 사람은 방식부터 다르다. 그는 프로다. 진행에 필요한 사항을 빠짐없이 기록하고 준비한다. 발생할 수 있는 모든 변수를 가정하고 대안을 미리 확보한다. 그것도 모자라 끊임없이 확인하고 보완한다.

프로가 일하는 방식을 보면 3가지 특징을 발견할 수 있다. 먼저 숲을 보고 나서 나무를 보고, 인과관계를 파악하여 우선순위를 정하고, 목표한 바를 이룰 때까지 실행에 집중한다.

프로는 어떤 일을 하든 섣불리 덤비지 않고 먼저 일의 전체를 파악한다. 앞뒤를 생각하지 않고 서둘러 시작하게 되면 일을 두 번하게 되거나 두고두고 화근으로 작용하는 경우가 많다는 점을 잘 알기 때문이다. 전체를 파악하면 일이 효과적으로 돌아가도록 우선순위를 정하고 그에 맞게 모든 요소를 정리한다. 목표에 이르는 구체적 경로와 방법을 세운다. 사람들의 업무 방식이 제각각인 것은 바로 이 단계에서 취사선택의 기준이 다르기 때문이다. 프로가 잘 정리된 업무 매뉴얼을 가지고 효율적으로 준비하는 것과 달리 초짜나 아마추어는 그때그때 생각나는 대로 두서없이 바쁘게 움직인다. 머리를 안 쓰니 손발이 고생하는 격이다. 결국 자기 자신은 물론 조직 전체에 마이너스가 된다. 우선순위를 정한 프로는 마지막까지 든든한 지도를 가지고 목표를 향해 나아간다. 실행에서도 철저하고 용의주도하다. 목표를 달성할 때까지 끈기를 가지고 끝까지 물고 늘어진다.

중국의 저우언라이 전 총리가 그러했다. 그는 외교적인 만찬에 앞서 반드시 주방에 들러 여러 가지를 확인하고 국수 한 그릇을 부탁해 미리 먹었다고 한다. 자신이 배가 고프면 제대로 손님을 접대할 수 없을 것이란 생각에서다. 오늘날까지 중국인들이 그를 가장 존경하는 지도자로 기억하는 것은 모든 일에 세심한 주의를 기울이고 최선을 다하는 그의 업무 스타일 때문이 아닐까.

개인의 업무 처리도 그렇고 기업 경영도 그렇다. 프로가 되어야 한다. 지식과 기술에서뿐 아니라 일하는 방식에서 프로가 되어야 한다. 매크로한 것과 마이크로한 것이 조화를 이루도록 전체 흐름을 보면서 작은 실행 하나하나에 만전을 기해야 한다. 그래야 일이 제대로 돌아가고 성과가 난다.

노트북을 든 사람은 멀리 갈 것이다

신호를 간파하는 통찰력

중국에서 한 택시기사의 'MBA급 강의'가 화제가 된 적이 있다. 상하이에서 일반 택시회사 기사로 7년째 일하는 짱친은 어느 날 한 손님을 태웠다. 상하이의 마이크로소프트 기술센터 책임자인 류룬이었다.

그가 목적지를 말하기도 전에 짱친은 그의 행선지가 먼 곳임을 알아맞혀 류룬을 놀라게 했다. 류룬은 공항으로 가는 동안 택시기사의 '돈 버는 비결'을 전해 들을 수 있었다. 짱친은 대뜸 "병원 앞에서 약봉지를 든 사람과 세숫대야를 들고 있는 사람이 있다면 누구를 태우는 편이 수지가 맞겠습니까?" 하고 물었다. 류룬은 머리를 굴려보았지만 아리송했다. 답은 세숫대야를 든 사람이었다. 병원에서 약을 받아 들고 나오는 사람은 대개 병이 깊지 않은 사람이며 먼 곳을 갈 사람인지 아닌지 확실치 않지만, 세숫대야를 든 사람은 퇴원하는 사람으로, 새로운 생명을 얻었다는 기쁨에 차 있고 건강의 소중함을 새삼 깨닫게 된 사람이라는 것이다. 그런 사람이라면 돈을 아끼려고 택시를 타고 가다가 버스로 갈아타지는 않을 것이라는 이야기였다.

짱친은 또 다른 이야기도 들려주었다. 그는 오후 1시, 상하이 시내 한가운데서 택시를 기다리는 세 손님의 예를 들었다. 작은 가방을 들고 있는 젊은 여자, 시내관광을 하고 있는 젊은 남녀 커플, 두꺼운 외투를 걸치고 노트북 가방을 든 사람. 짱친은 망설이지 않고 세 번째 손님 앞에 택시를 세운다고 했다. 작은 가방을 든 여자는 물건을 사러 나왔을 것이 뻔하므로 먼 곳으로 갈 리가 없고, 관광을 하고 있는 남녀 커플도 가까운 곳에 갈 확률이 높다. 반면 두꺼운 옷에 노트북 가방을 들었다면 목적지가 가깝지 않으리라는 예측이 가능하다는 것이다. 그의 생각은 적중했다. 손님은 상하이에서 3시간 이상 걸리는 바오산(寶山)으로 가는 중이었다.

짱친의 한 달 평균 수입은 1만 6,000위안(약 320만 원)이다. 각종 경비를 제하고 나면 8,000위안이 수중에 들어온다. 중국 근로자의 평균 임금이 2,000~3,000위안인 점을 감안하면 굉장한 수준이다.

류룬은 짱친에게서 들은 내용을 '택시기사의 MBA급 강의'라는 제목으로 인터넷에 올렸고, 짱친은 금세 유명인사가 되었다.

'하나를 보면 열을 안다'는 말이 있다. '척하면 삼천리'도 같은 말이다. 말은 쉽지만 쉬운 일이 아니다. 부분에서 전체를, 현상에서 본질을 꿰뚫어보는 안목은 오랜 경험과 감각을 요구한다. 사람이든 사물이든 그 이면에 감추어진 핵심을 간파한다는 것은 그만큼 그에 대해 잘 알고 있다는 방증이다.

춘추전국시대에 미인계로 오나라를 무너뜨린 월나라 책사 범려가 위업을 달성한 후 서시와 함께 미련 없이 떠났던 것도, 고난은 함께해도 영화는 함께할 수 없는 월왕 구천의 본색을 들여다보고 있었기 때문이다. 그에 반해 구천 곁에 남아 있던 문종은 비참한 최후를 맞이한다. 케네디 대통령의 아버지 조셉 케네디는 구두닦이가 주식을 샀다는 이야기를 듣고 보유 주식을 모두 팔아치웠다. 구두닦이의 행동에서 이미 주가가 오를 대로 올랐다는 신호를 읽었던 것이다. 그리고 대공황에서 살아남았다. 작은 정보로 천리를 내다본 것이다. 박현주 회장은 미래에셋 설립 초기, 언론과 시장이 보내는 신호를 감지하고 다음커뮤니케이션에 투자하여 1,000억 원에 가까운 매매차익을 올렸다. 워싱턴대 심리학과의 존 고트만 교수는 부부의 대화 내용을 찍은 15분짜리 비디오만 보고도 그 부부가 15년 뒤 여전히 부부로 살고 있을지 않을지를 95% 확률로 맞혔다. 이들의 비범한 통찰력은 어디에서 나오는 것일까?

미세한 신호에서 큰 흐름 읽어내기

무언가를 재빨리 간파하기 위해서는 정보를 얇게 조각내야 한다. 그리고 작은 정보에서 큰 흐름을 읽어낼 수 있어야 한다. 이것을 가능케 하는 것이 실험과 관찰이다. 고트만 교수가 이별의 신호로 찾아낸 것은 상대방에 대한 경멸의 기미였다.

"경멸은 가장 중요한 이별의 신호다. 냉소보다 나쁜 게 경멸이다. 경멸은 냉소와 질적으로 다르다. 경멸은 파괴적이다. 경멸은 자신이 높다고 생각할 때 튀어나오는 냉소라 할 수 있다. 그것은 상대를 나보다 낮은 위치에 두려는 태도다. 그렇기 때문에 모욕으로 느껴진다. 이런 모욕을 견디며 결혼생활을 지속하기란 만만한 일이 아니다. 별 문제가 없어 보이지만 부부 사이에 경멸의 징조를 잡아낼 수 있다면 더 이상 볼 것도 없다. 이미 결론이 난 것이다."

그는 경멸이라는 미세한 신호를 바탕으로 미래의 이혼 여부를 정확히 판단해냈다.

환자에게 고소당할 의사를 알아보는 일도 원리는 비슷하다. 고소당할 가능성은 의사의 의술이나 과실 유무와는 거의 관계가 없다. 기술은 뛰어난데 소송에 시달리는 의사가 있는가 하면, 실수는 좀 하지만 거의 소송을 당하지 않는 의사도 있다. 왜 그럴까?

환자에게 주는 정보의 양과 질에서는 의사마다 큰 차이가 없다. 중요한 것은 그런 정보를 어떻게 주고받느냐다. 의사가 환자를 대하는 태도에 따라 소송 여부가 결정된다는 말이다. 환자를 인격체로 대하는 의사는 고소당하지 않는다. 인격적으로 대해주는 의사를 고소하는 환자는 드물다.

의료사고는 대단히 복잡하고 다차원적인 문제다. 하지만 문제의 핵심은 존중하는 마음이다. 존중하는 마음은 목소리와 음조만으로도 알 수 있다. 최악은 우월감이 밴 목소리와 태도다. 환자는 의사를 척 보는 순간, 의사의 목소리를 듣는 순간 판단을 내린다. 모든 것은 2초 안에 결정된다.

이혼이건 의료소송이건 모든 사건은 일어나기에 앞서 암암리에 이런저런 신호를 보낸다. 사람들이 이를 알아채지 못할 뿐이다. 위험과 위기를 넘기고 제대로 살려면 그런 신호를 정확히 읽고 판단해 현명하게 대처해야 한다.

무분별한 사람은 고통의 늪에 빠지고, 통찰력 있는 사람은 부와 성공을 거머쥔다. 미세한 신호의 감지와 판단 여부가 인생을 바꾸고 역사를 바꾼다.

왜 시작이 반인가

완벽한 기획을 위하여

'계획하고(plan) 실행하고(do) 확인하기(see)'는 모든 일의 기본 과정이다. 일의 완성도를 높이기 위해서는 이 세 과정이 철저해야 한다. 그중에서도 기획은 일의 첫 단추를 끼우는 것으로, 모든 과정의 핵심이라고 할 수 있다.

렉서스가 미국에서 돌풍을 일으키던 시절, 〈타임〉지의 표지를 장식한 문구는 이랬다.

'벤츠와 BMW의 악몽, 렉서스'.

렉서스가 돌풍을 일으킬 수 있었던 주된 요인은 무엇일까? 세련된 디자인, 최고 수준의 성능, 완벽한 애프터서비스, 저렴한 가격 등등 여러 요인이 있지만, 결정적 요인은 철두철미한 사전 시장조사와 기획이었다.

이전에 별 준비 없이 미국 시장에 들어갔다가 뜨거운 맛을 보고 물러서야 했던 토요타는 주도면밀한 준비를 거쳐 재진출을 시도했다. 핵심 타깃이 누군지, 그들이 무엇을 원하는지 조사하고, 어떻게 해야 차별화할 수 있는지를 연구했다. 자동차에 대한 소비자의 감춰진 욕구를 직접 확인하기 위해 미국 부자들이 사는 동네에다 집까지 얻어 직원들을 몇 달 동안 상주하게 했다. 현장에서 답을 구한 것이다. 그들의 행동 패턴을 관찰하고, 시장을 체험하고, 파티에 참석해 사귀면서 긴밀한 네트워크를 형성했다.

조선일보 최원석 기자가 한 자동차 전문 잡지에 기고한 '렉서스의 시작과 성공'이라는 글을 보면 렉서스의 개발 과정이 보다 상세히 그려져 있다. 다음은 그의 글을 참고하여 재정리한 것이다.

렉서스는 개발 과정에서 내부적으로도 엄청난 진통을 겪었다. 렉서스에 관한 첫 논의는 1983년으로 거슬러 올라간다. 토요타는 미국에서 자동차 판매량을 늘리려면 당시 미국의 고급차 시장을 선점하고 있던 메르세데스-벤츠, BMW, 캐딜락 같은 고급차 브랜드를 만들어야 한다고 생각했다. 1983년 8월 임원회의에서 토요타 에이지 회장은 "세계 최고의 차를 만들어달라"고 강력히 주문했다. '마루F' 프로젝트가 닻을 올리는 순간이었다. 토요타 마크2의 성공으로 역량을 인정받은 쇼지 짐보가 이 프로젝트의 첫 번째 개발 총책임자로 임명되었다. 그는 최정예 개발 인력 15명을 모아 프로젝트팀을 꾸렸다.

짐보에 이어 렉서스 개발에 가장 큰 공헌을 한 사람은 스즈키 이치로다. 그가 전면에 등장한 것은 짐보가 1985년 9월 임원으로 승진하고 난 후인 1986년 2월이다. '마루F' 프로젝트의 총책임자가 된 스즈키는 프로젝트명을 'F1'으로 바꾸고 개발팀 전체를 강도 높게 밀어붙였다. 몸을 사리지 않는 그의 투혼에 엔지니어들이 겪는 고통은 이루 말할 수 없었다. 이들은 마땅한 기준조차 마련되어 있지 않은 상태에서 고급차의 부품을 일일이 뜯어보고 원리를 분석하고 성능을 시험했다.

과제는 모순인 것처럼 보였다. 빠르고 부드러운 주행에 치중하면 연비가 떨어지고, 조종의 안정성을 높이면 승차감이 줄고, 세련된 스타일로 만들려면 공기 저항이 커지는 것이다. 모든 토끼를 한꺼번에 잡는 것은 이제 걸음마를 시작한 아이에게 날아보라고 요구하는 것이나 다름없었다. 그중에서도 연비 문제는 미국 시장을 공략하기 위해 반드시 넘어야 할 산이었다. 스즈키는 이 모든 과제를 3년 만에 해결했다. 지칠 줄 모르는 리더십과 끈끈한 팀워크의 승리였다. 강하고 분명한 목표와 이를 실현하는 정교한 기획이 없었다면 불가능했을 영광이었다. 렉서스의 기적은 그렇게 탄생했다. 렉서스의 아버지 스즈키는 이렇게 말한다.

"경영진은 엔지니어에게 가장 높은 기준을 요구했습니다. 저 또한 높은 목표를 요구했습니다. 처음에는 모두 반대했지요. 물론 100% 완벽한 적은 없었지요. 어쨌든 한때 불가능해 보였던 과제를 성취하는 데 필요한 기술적 쾌거를 이루었습니다."

빈틈없는 기획이 얼마나 중요한지는 새삼 말할 필요가 없다. 그런데도 우리는 아직도 정치, 경제, 문화, 사회 곳곳에서 기획력의 한계를 실감한다. 단적인 예가 자동차산업이다. 다른 분야에 비해 그나마 잘나간다는 자동차산업도 세계 시장에 나가면 상대적 열세에 있다. 특히 고급차 시장에서는 선진국 소비자들의 마음을 움직이지 못한다. 가격을 제외하곤 경쟁력이 떨어지기 때문이다. 절대적으로 중요한 기획과 디자인에서 밀리는 것이다.

제조원가의 80%가 초기 단계에서 결정된다는 것은 모든 업계에서 누구나 인정하는 사실이다. 설계 단계에서의 잘못은 지우개로 고치는 비용밖에 안 든다. 시험제작 단계에서 문제점을 발견하면 금형 고치는 비용이 든다. 생산에서 발견되면 제작을 다시 해야 한다. 하지만 제품이 시장에 깔리고 나서 문제가 발견되면 전 제품을 리콜하게 되어 천문학적인 비용이 든다. 그래서 완벽한 기획이 절대 중요하다.

기계산업뿐 아니라 어떤 일이든 시작이 온전하지 않으면 십중팔

구 나중에 문제가 생긴다. 손을 댄다 하더라도 추가 비용이 이만저만 드는 게 아니다. 자연히 투자 대비 효과가 작을 수밖에 없다. 엄청난 자금이 소요되는 중후장대한 사업일수록 피해는 더욱 심각하다. 또 이로 인한 기업 내부의 피로감은 상상을 초월한다.

영화를 찍든, 책을 만들든, 행사를 하든 언제나 그 중심에 있는 것이 바로 기획이다. 기획은 건물을 짓기 위한 설계도와 같다. 설계도가 없거나 엉성하면 아무리 열심히 해도 일의 완성도가 떨어질 수밖에 없다. 기획이 철저한가 그렇지 않은가에 따라 명품과 범품, 고급과 저급이 갈린다. 성공하기 위해서는 기획력이 뛰어나야 한다. 인간이기 때문에 100% 완벽하게 기획할 수는 없지만, 좋은 결과를 향한 과정은 기획할 수 있다.

"준비는 언제나 음지에서 이루어진다. 준비를 철저히 한다고 그 공로를 인정받는 것은 아니다. 오히려 철저히 준비하는 사람은 소심하다는 놀림과 핀잔을 받기 일쑤다. 어떤 사람은 준비하지 않는 것을 일부러 과시하기도 한다. 그렇게 해서 패배에 대비한 핑곗거리를 만드는 것이다. 어떤 사람들은 다른 사람들이 보는 앞에서 일부러 열심히 준비하는 체한다. 하지만 가장 지혜로운 사람들은 넘버원이 되기 위해 남몰래 구슬땀을 쏟으며 준비하는 사람이다. 그들은 자신들의 땀방울이 세상에 알려지는 것을 원치 않는다."

세계적인 스포츠 마케팅회사인 IMG를 만든 마크 매코믹 전 회장의 말이다.

1톤의 생각보다 1그램의 실천이 낫다

원동력은 '야성'

기획과 준비 다음은 실행이다.

"사지 않으면 당첨되지 않습니다."

어느 복권의 선전 문구다. 맞는 말이다. 아무리 멋지게 기획하고 준비를 했다 해도 실천하지 않으면 소용이 없다.

에드워드 제너가 천연두 예방법을 발견한 것은 전적으로 그의 실행력 덕분이다. 천연두는 한 번 걸렸다 나으면 다시는 안 걸린다는 이야기는 영국 글로스터셔 지방의 젖 짜는 소녀들 사이에서 널리 알려져 있었다. 그런데 실험을 통해 입증했다는 사람은 없었다. 제너는 달랐다. 이 이야기를 들은 제너는 스승 존 헌터에게 어떻게 하면 좋을지 자문을 구했다. 스승은 이렇게 이야기했다.

"생각만 하지 말고 일단 시도해보게. 물론 참을성 있고 신중하게 하는 것을 잊지 말고."

그가 암소 젖에서 병원균을 꺼내 인체에 주입하려 하자 가지가지 괴소문이 꼬리를 물었다. 비방하는 소리도 들렸다. 이에 굴하지 않고 제너는 실험을 강행했고 결국 천연두 예방법을 발견하기에 이르렀다.

먹물이 많이 든 사람의 머릿속은 온갖 아이디어로 넘친다. 언젠가 하겠다는 결심을 하루에도 수십 번씩 한다. 내 주변에도 자신의 이야기를 언젠가 책으로 쓰겠다는 사람이 줄을 서 있다. 하지만 아직까지 그들이 쓴 책을 보지 못했다. 나는 알고 있다. 그들은 영원히 그 책을 쓰지 않을 것임을.

영감이 떠오른 뒤 작곡을 하는 것이 아니다!

나중에 할 일을 왜 지금은 못 하는가? 머릿속에서 생각을 키우는 것만으로는 아무것도 할 수 없다. 언젠가 하긴 하겠지만 당장은 하고 싶지 않다는 생각이 우리의 발목을 잡는다. 창조적 재능이 있는 사람들은 더욱 그렇다. 아이디어가 많아 한꺼번에 실행하기 어려운 점도 있겠지만, 주어진 상황에 매몰되어 있거나 안이함과 게으름을 버리지 못하는 탓이 더 크다.

갑작스레 영감이 떠올랐을 때 곧바로 행동에 옮긴다면 가장 좋겠지만, 영감이 떠오르지 않는다고 해서 멍하니 앉아 있다면 이 또한 부질없는 짓이다. 구체적인 행위 속에서 빛나는 영감이 고개를 드는 경우가 얼마나 많은가. 음악 역사가인 어니스트 뉴먼은 이렇게 말한다.

"위대한 작곡가는 영감이 떠오른 뒤 작곡을 하는 것이 아니라 작곡을 하면서 영감을 떠올린다. 베토벤, 바흐, 모차르트는 경리사원이 매일 숫자를 맞추듯 매일 앉아서 작곡을 했다."

"잘 모르더라도 행동하는 것이 알고도 행동하지 않는 것보다 낫다"고 설파한 칼릴 지브란의 말이나 "행동이 따르지 않는 비전은 한낱 꿈에 불과하다. 비전이 없는 행동은 시간 낭비일 뿐이다. 행동이 따르는 비전만이 세상을 바꿀 수 있다"고 주장한 미국의 미래학자 조엘 바커의 말도 행동의 의미를 강조하고 있다.

죽어가는 야성을 살려라

실행력을 높이려면 어떻게 해야 할까?

첫째, 잃어버린 야성을 회복해야 한다. 야성은 행동력이다. 행동력을 높여야 한다. 우리는 불필요한 교육을 너무 많이 받는다. 어떤 사람은 평생 교육만 받기도 한다. 물론 교육이 중요한 것은 사실이지만 야성을 죽이는 부정적인 면도 있다. 책상물림, 탁상공론은 그런 면을 빈정거리는 말이다. 당신의 행동력은 어떤가?

영업사원 출신으로 코스닥기업 서린바이오사이언스를 설립한 황을문 사장의 경영철학은 행동력이다. 그는 빠른 행동력과 실천력으로 오늘날의 기업을 일구어냈다.

"별것 아닌 제가 이 정도의 사업을 일군 이유는 실천력 때문입니다. 옳다 싶으면 실행을 했지요. 틀리면 나중에 고치면 되거든요. 1톤의 생각보다 1그램의 실천이 낫다고 생각합니다. 제가 높게 평가하는 사람 역시 실천을 잘하는 사람입니다. 약속 잘 지키고, 시간 잘 지키고, 빠른 반응을 보이고, 이메일 답신이 빠르고, 행동이 빠른 사람을 좋아합니다."

정주영 회장 역시 이런 점을 강조했다. 그의 말이다.

"최고경영자는 여러 능력을 가져야 하지만 그중에서도 어떤 과제가 있을 때 그것을 집중적으로 실행해나갈 수 있는 힘을 가져야 한다. 아는 것도 중요하지만 그것을 같이 일하는 모든 사람들에게 효율적으로 인식시키고, 인식시킨 내용이 효율적으로 행동에 옮겨지도록 하는 실행력이 있는 사람만이 최고의 경영자요 훌륭한 간부라고 생각한다."

둘째, 인내심이다. 현대인들은 성급하다. 씨를 뿌리고 바로 열매가 맺기를 기대한다. 겨우 며칠 운동을 하고 나서 바로 근육이 생기고 살이 빠지기를 바란다. 조금 노력을 하다 안 되면 실망하고 포기한다. 꾸준히 노력하지 않으면서 대단한 성과를 바라고 바란 대로 되지 않으면 이내 실망한다.

정말 소중한 것은 시간을 필요로 한다. 실력을 쌓는 것도, 평판을 만드는 것도, 대인관계를 원활하게 하는 것도 다 시간이 걸린다. 요즘 유행하는 회복탄력성이란 말도 이와 유관하다. 성공하기 위해서는 무너졌다가도 오뚝이처럼 다시 일어서야 한다. 누구나 다 힘이 들고, 실패도 한다. 중요한 것은 그런 시련을 딛고 일어서는 것이다.

"자고로 성공에는 3가지 요체가 있다. 운(運), 둔(鈍), 근(根)이 그것이다. 사람은 능력 하나만으로 성공하는 것이 아니다. 운을 잘 타야 한다. 때를 잘 만나야 하고, 사람을 잘 만나야 한다. 그러나 운을 잘 타고 나가려면 운이 다가오기를 기다리는 일종의 둔한 맛이 있어야 한다. 운이 트일 때까지 버텨내는 끈기와 근성이 있어야 한다."

호암 이병철 회장의 말이다. 쉽게 무너지지 않아야 한다. 실패도 성공의 과정이다. 질긴 맛이 있어야 한다.

"인생의 가장 큰 영광은 결코 넘어지지 않는 데 있는 것이 아니라, 넘어질 때마다 일어서는 데 있다."

수십 년간의 감옥생활을 끝내고 대통령이 된 넬슨 만델라의 말이다.

셋째, 위기를 기회로 바꿀 수 있어야 한다. 계속해서 성공한 사람, 실패의 경험이 없는 사람들은 의외로 쉽게 무너진다. 단번에 대학에 들어간 사람보다 재수 경험이 있는 사람이 대학에 가서 공부를 더 열심히 할 가능성이 높다. 계속 승승장구한 사람보다는 부도 경험이 있는 사람이 위기의 순간에 의연하다. 그런 경험을 통해 강해진 것이다. 위기의 순간을 기회로 바꿀 수 있어야 한다.

토스카니니는 소년 시절부터 심각한 근시로 고생했다. 그의 가장 큰 소망은 근시를 고쳐 잘 보는 것이었다. 19세의 토스카니니는 어느 오케스트라의 첼로 연주자로 있었다. 악보를 잘 볼 수 없었던 그는 늘 연습 전에 악보 전체를 암기했다. 한번은 중요한 연주를 앞두고 갑자기 지휘자가 지휘를 할 수 없게 되었다. 연주회 날은 다가오는데 지휘할 사람이 없어 새로운 지휘자를 구해야 할 상황이었다. 이때 곡 전체를 암기하고 있던 토스카니니에게 지휘의 기회가 주어졌고, 그날 처음 오케스트라를 지휘한 무명의 첼로 연주자는 이를 계기로 훗날 세기의 지휘자가 된다. 나쁜 시력이 큰 기회를 갖게 해준 셈이다.

넷째, 호기심을 살려야 한다. 변화의 최대 적은 익숙함이다. 편안함이다. 자기 방식이 최선이라고 생각하는 자만이다. 어린이들은 늘 호기심으로 눈을 반짝인다. 호기심 없이 비슷한 일을 오래 하면 시큰둥해진다. 발전 가능성이 사라진다. 호기심을 가져야 한다. 자신이 하는 일을 새로운 눈으로 볼 수 있어야 한다. 이것이 최선인지, 다른 방법은 없는지 생각하고, 불합리한 면이 있으면 순응하지 말고 과감히 도전해야 한다.

요즘 사람들은 너무 순하다. 모든 것을 비판 없이 받아들이려 한다. 죽어가는 야성을 살려야 한다. 그래야 나도 살고 조직도 산다.

환경재단의 최열 대표에 대해 직원들은 이런 이야기를 한다.

"최열 대표가 이 정도 위치까지 오게 된 것은 그분의 실행력 때문입니다. 그분은 생각이 곧 행동입니다. 한번 하겠다고 생각하면 바로 실천으로 옮깁니다. 환경연합을 하다가 환경재단을 만든 것도 그렇습니다. 남들이 다 안 된다고 하는 피스앤드그린보트 프로젝트, 환경영화제의 성공도 다 실행력 때문입니다."

이채욱 CJ그룹 부회장은 실행 직전에 스스로에게 다음과 같은 질문을 던진다고 한다.

'팀원의 지혜를 최대한 모았는가? 반대하던 사람들과도 공감대를 형성했는가? 실행할 팀은 최고인가? 실행 방법, 진행 모니터링,

제도나 구조 등은 잘 되어 있는가? 가상의 문제점에 대한 대비는 되어 있는가?'

이런 질문들에 대한 답을 준비하면 실행에 따른 실수를 최대한 줄일 수 있다.

고 정주영 회장은 자주 "이봐, 해봤어?"라고 물었다고 한다. 그가 성공한 것도 생각만 하지 않고 직접 실천했기 때문이다.

모든 것이 좋았는데…

가장 안전한 비즈니스 보험 '확인'

업무 프로세스의 마지막이자 중요한 관문은 바로 확인이다. 확인만 철저히 해도 많은 실수와 그로 인한 비용 손실을 미연에 막을 수 있다.

커뮤니케이션의 예를 들어보자. 중요한 사항을 이메일로만 전달하고 자기 할 일을 다 했다고 생각하는 사람이 있다. 이메일은 불완전하다. 이메일은 에러 가능성이 높은 커뮤니케이션 수단이다. 들어가지 않는 경우도 있고 들어가더라도 받는 이가 어떤 사정으로 읽어보지 못하는 경우도 있다. 때로는 정크 메일함에 들어가 아예 체크조차 안 되는 경우도 있다. 그렇기 때문에 중요한 사항을 전달해야 한다면 유선이나 다른 방법을 통해 반드시 수신 여부를 확인해야 한다. 더블체크는 기본이다.

강사 섭외도 그렇다. 일류 기업에서는 섭외 이후에 귀찮을 정도로 확인한다. 잊지 않으셨느냐, 식사는 어떻게 할 거냐, 차를 어디로 보내면 되느냐, 강의에 따로 필요한 것은 없느냐 등등. 삼류 기업에서는 전화 한 번 하고는 일이 끝났다고 생각한다.

예전에 겪었던 일이다. 한 달 전쯤 강의를 약속했는데 담당자가 중간에 아무 확인도 하지 않았다. 할 수 없이 내가 전화를 했더니 담담한 소리로 "예정대로 하니 염려 말고 오세요" 하는 것이었다. 강의 당일, 담당자가 일러준 용인 연수원에 갔더니 그런 회사는 없다고 했다. 황당해진 내가 급하게 전화를 했더니 제천에 있는 연수원으로 장소가 변경되었는데 자기가 연락을 하지 않았느냐며 거꾸로 반문을 했다.

날아가다시피 제천으로 갔지만 약속 시간에 늦고 말았다. 그나마 충분한 여유를 두고 갔기에 10분 정도밖에 늦지 않았다. 담당자를 보는 순간 저렇게 부실한 사람이 직장생활을 버젓이 하고 있다는 게 신기하게 느껴졌다.

사소한 일이 중요한 이유

강의하는 사람에게도 사전 확인은 매우 중요하다. 요즘은 파워포인트와 프로젝터를 많이 사용하는데 가끔 기계적 문제가 생기기 때문이다. 한번은 최고경영자 과정에서 문제가 터졌다. 이미 설치되어 있는 컴퓨터를 그대로 사용했으면 별 문제가 없었을 텐데, 강사가 굳이 자기 컴퓨터를 사용하겠다고 고집을 부렸다. 거기서 문제가 생겼다. 제대로 작동을 하지 않아 쟁쟁한 회사의 사장님 수십 명을 모셔놓고 그 앞에서 10분 가까이 기계를 손보고 테스트를 한 것이다. 혁신을 주제로 한 강의 내용 자체는 훌륭했지만 전달은 제대로 이루어지지 않았다. 기다리는 동안 사람들은 이런 생각을 했을 것이다.

'아니 저런 사소한 일 하나도 제대로 처리 못하면서 웬 혁신?'

훌륭한 강의가 되기 위해서는 처음부터 마지막까지 완벽을 기해야 한다. 강의를 주업으로 하는 나는 강의하기 최소 1시간 전에 도착하는 것을 원칙으로 삼는다. 그래야 길이 막히거나 장소를 못 찾는 등 비상사태에 대비할 수 있다. 또한 사전에 강의와 관련한 현장 정보를 얻을 수 있고 그만큼 상대의 요구에 맞는 강의를 할 수 있다. 우선 실무자나 책임자를 만나 다시 한 번 강의의 목적과 배경, 참석자들의 마음 상태 등을 묻는다. 사람들의 표정과 강의실 분위기도 살핀다. 조명을 밝게 하거나 커튼을 치기도 하고 의자 배치를 바꾸기도 한다. 마이크, 음료, 선물 등도 살펴본다. 그런 과정에서 얻는 것이 많다. 새로운 사실을 알게 되고 익숙해진 환경에서 강의를 하게 되므로 효과를 높일 수 있다.

한 번 더 확인했다면 좋았을 것이란 생각은 학생들을 가르치는 중에도 자주 한다. 리포트 검사나 과제 발표 때가 특히 그렇다. 어떤 학생이 파워포인트를 사용하여 발표를 하는데 내용도 훌륭하고 발표 기술도 뛰어났다. 모든 것이 좋았다. 어느 부분에서 결정적인 스펠링 하나가 잘못되었다는 것을 발견하기 전까지는. 이어서 또 다른 오자와 탈자가 튀어나오는 순간 이런 생각이 든다.

'아니 저 학생은 이 중요한 발표자료를 만들면서 기본 사항조차 확인하지 않는단 말인가. 무성의하구먼….'

당연히 좋은 점수를 줄 수 없다.

고객을 대상으로 경쟁사와 프레젠테이션을 겨룰 때도 사소한 실수가 당락을 좌우할 수 있다. 특별한 경우를 제외하면 내용이 대개는 비슷하기 때문에 사람들은 내용보다 어느 회사가 실수를 적게 했는가를 가지고 당락을 결정하는 수가 있다. 무슨 일을 하건 마지막에 확인을 하는 것은 필수다.

'필화 사건'의 교훈

나에게도 아픈 기억이 있다. 한 번만 더 살피고 확인했더라면 결코 겪지 않았을 일이다. 〈머니투데이〉에 매주 '사람과 경영'이라는 칼럼을 기고하고 있었는데, 어느 날 모 회사 사장으로부터 항의 전화를 받았다. 내 글 때문에 회사에 난리가 났다는 것이다. '회사에서는 영업과 마케팅처럼 고객접점에서 일하는 부서가 중요하다. 그래서 급여도 근무 환경도 지원부서와는 큰 차이가 있다'는 내용의 칼럼에서 실명을 거론한 것이 화근이었다. 그 때문에 사장이 곤욕을 치르게 되었다. 아차 싶었다. 내 딴에는 내용을 강조하려고 그랬던 것인데, 본의 아니게 그 사장님에게 피해를 준 것이다. 나는 즉시 사과하고 어떻게 하면 좋을지 물었다. 그랬더니 인터넷에 올린 글을 고치고 사과문을 게재해달라고 요청했다. 나는 그의 요청대로 했다.

이 일로 며칠간 고생했지만 거기서 몇 가지 교훈을 얻었다. 하나는 글을 쓰거나 말을 할 때 그로 인해 피해를 보는 사람이 없는지 살펴야 한다는 점이다. 또 하나는 내가 잘못했다고 생각할 때는 솔직히 사과하고 합당한 조치를 취해야 한다는 점이다. 상당한 시간이 지났지만 나는 아직도 그분에게 진심으로 죄송한 마음이다.

우리 정부가 2008년 미국과의 쇠고기 개방 협상에서 치명적 실수를 범한 것도 따지고 보면 제대로 확인을 하지 않은 데서 비롯되었다. 광우병을 일으키는 원인으로 지목되는 '동물성사료'는 응당 금지조치를 강화해야 했다. 그런데 우리 정부는 합의문건(물론 영어로 되어 있었다)에서 '완화된 조치'라는 의미를 '강화된 조치'로 잘못 해석했다. 국가 간 협상에서, 그것도 국민의 생명과 건강을 좌우하는 협상에서 믿기 어려운 일이 벌어진 것이다. 영문(英文)도 모르는 사람들이 협상에 임했단 말인가? 정말 영문 모를 일이다. 도대체 합의문을 누가 어떻게 검증했단 말인가? 졸속 협상으로 미친 소를 먹게 되었다며 국민들이 정부를 상대로 연일 거센 반발과 반대시위를 한 것은 당연한 결과였다.

큰일이든 작은 일이든 최종 확인의 중요성은 아무리 강조해도 지나치지 않다. 하지만 사람들은 시간에 쫓긴다는 이유로 혹은 당장의 실적에 급급하여 확인하는 일을 귀찮게 생각한다. 아무런 문제가 없을 때야 상관없지만 사고가 발생했을 때는 확인하지 않은 것을 두고두고 후회하게 된다. 최종 확인은 귀찮은 절차가 아니다. 불의의 사고에 대비해 들어놓는 보험처럼 실수에 대비해 들어놓는 가장 안전한 비즈니스보험이다. 귀찮아도 반드시 이행해야 하는.

10분에 100억 매출?

강력한 한마디의 힘

　지위가 높은 사람, 영향력이 큰 사람, 의사결정권을 가진 사람의 특징은 무엇일까? 하나같이 바쁘고 시간이 없다는 점이다. 바쁜 사람이 언제 수십 장이나 되는 보고서를 읽으며, 두세 시간씩 앉아 당신의 프레젠테이션을 듣겠는가. 문제는 그런 사람을 설득해야 비로소 일이 진행된다는 점이다. 어찌할 것인가? 답은 간결함에 있다. 바쁜 사람을 효과적으로 설득하기 위해서는 무엇보다 간결해야 한다.

　윤종용 전 삼성전자 부회장은 직원들에게 '간결하게 이야기할 것'을 시간 날 때마다 강조했다고 한다. 한번은 "내가 초등학생인가? 왜 전화 한 통화나 이메일로 충분히 해결할 수 있는 문제를 가지고 긴 보고서를 쓰고 몇 시간 동안이나 프레젠테이션을 하려 드는가"

하며 화를 냈다고 한다. 십분 이해가 간다.

그런데 간결하게 만드는 일은 말처럼 간결하지가 않다. 무언가를
짧고 단순하게 표현하는 일이 실은 가장 복잡하고 어렵다. 아무나
할 수 있는 것이 아니고, 아무런 노력 없이 거저 주어지는 것은 더
더욱 아니다. 단순함은 성숙의 결과물이다. 단순해지기 위해서는
오랜 고민과 노력이 선행되어야 한다. 아는 게 많고 산전수전 다 겪
었다고 되는 게 아니다. 이해와 표현은 또 다른 차원의 소질을 요구
하기 때문이다.

글도 그렇고 말도 그렇다. 짧은 글이 가장 쓰기 어렵다. 글 중에
서 시가 제일 쓰기 어렵다는 말이 그래서 나온다. 말하기도 마찬가
지다. 강의 시간이 길수록 강의하기는 쉽다. 충분한 시간이 주어지
는 강의보다 5분짜리 스피치가 훨씬 어려운 법이다.

전 세계의 경영자 가운데 단순함의 대가를 꼽으라면 단연 잭 웰
치를 들 수 있다. 그가 위대한 것은 복잡하고 느린 관료주의와의
싸움에서 승리했기 때문이다. 관료주의는 고객보다 조직을 우선
시한다. 목적보다 그 일을 하는 형식과 관행을 중요시한다. 선후
가 바뀐 것이다. 이러다 보니 일이 지지부진하고 제대로 된 성과
를 올리지 못한다. 잭 웰치는 그 반대편에 서 있었다. 그는 관료주

의와 상극인 사람이다. 말을 따발총처럼 빨리 한다. 느릿느릿함을 저주한다. 그는 GE의 CEO로 재직하면서 하드웨어보다는 소프트웨어를 혁신하는 데 치중했다. 자신감(self-confidence), 단순함(simplicity), 스피드(speed)가 바로 그것이다. 자신감이 있어야 단순해질 수 있고 단순해져야 빨라진다는 것이다. 그의 말이다.

"단순하려면 엄청난 자신감이 필요하다. 관료주의는 속도를 두려워하고 단순함을 혐오한다. 그래서 잘 모르는 사람, 자신감이 없는 사람은 뭔가 잔뜩 포장을 하고 천천히 함으로써 그것을 숨기려 한다. 커뮤니케이션도 그렇다. 당신이 끝내주는 아이디어가 있으면 그냥 설명을 해보라. 칵테일파티에서 나누는 잡담처럼 쉽고 간단하게. 당신이 내놓는 아이디어가 좋다면 처음 만나는 사람들도 쉽게 이해할 수 있다. 만약 같은 업종에서 일하는 사람들만 이해할 수 있는 그런 아이디어라면 실패할 것이다."

'10분의 매직'은 어떻게 가능한가

보험영업의 달인으로 보험설계사들의 꿈인 백만달러 원탁회의(MDRT) 회원인 임한기 이너엘디시 대표를 보자. 《평생 단 한 번의 만남》의 저자이기도 한 그는 모든 만남의 순간을 처음이자 마지막이라고 생각하며 10분 안에 자신이 하고 싶은 말을 모두 끝냈다고 한다. 이른바 '10분의 매직'이라는 것이다. 그의 말을 직접 들어보자.

"목적을 가진 만남에서 사용하는 말은 최대한 압축되고 간결해야 한다. 그래야 짧은 시간 안에 효과적으로 상대에게 전달할 수 있다. 최대한 언어를 압축해야 한다. 압축된 언어는 강력한 한마디다. 그것을 만들기 위해서는 엄청난 관심과 노력이 필요하다. 허황된 구호여서는 안 되므로 논리적인 사고 연습도 해야 한다. 결과를 얻으려면 많은 시간과 복잡한 과정을 거쳐야 한다. 중요한 일일수록 시간과 노력이 많이 든다는 생각은 편견이다. 대부분의 결정은 순식간에 이루어진다."

처음 만나는 사람이 자신의 말을 거절할 수 없도록 그것도 10분 안에 설득하기 위해 임 대표는 화장실에서 연필을 입에 문 채 30권이 넘는 시집을 1만 번 이상 소리 내어 읽는 연습을 하는 등 피나는 노력을 거듭했다고 한다. 10분 만에 100억 매출 달성이라는 놀라운 기록은 이렇게 해서 태어났다.

단순화는 훈련의 결과다. 먼저 자신감으로 무장하라. 그런 다음 반드시 필요한 말이 뭔지, 이를 어떻게 효과적으로 전달할지를 시간 날 때마다 연습하라. 많은 글로벌 기업들이 하는 '엘리베이터 스피치'가 효과적인 방법이 될 수 있다. 원리는 간단하다. 설득할 상

대를 엘리베이터 안에서 만났다고 가정하고 그가 내리기 전 당신의

생각을 전달해 그를 설득해야 한다. 한번 시도해보라.

4

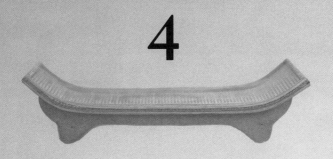

감독 하나 바뀌었을 뿐인데…

—

리더십의 디테일

성공한 CEO들의 공통점은?

성공하는 리더들의 일상

《성공하는 CEO의 일하는 방법》이란 책을 쓴 스테파니 윈스턴 여사는 이렇게 말한다.

"조직의 최고 자리에 오른 사람들은 무엇이 다를까 궁금했습니다. 이들을 관찰하고 인터뷰해보니 공통점이 있더군요. 바로 신속한 의사결정, 집중력, 그리고 시간 관리 능력이었습니다."

이 책에서 소개한 내용 가운데 CEO의 일상에 관계된 몇 가지를 살펴보자.

이메일 관리의 원칙

요즘 CEO들은 이메일 관리에 많은 시간을 허비한다. 어떤 CEO는 하루 100통 이상의 이메일을 처리하고 그 일에 시간의 반 정도를 쓴다고 고백한다.

성공하는 CEO들은 이메일을 처리할 때 TRAF 원칙을 사용한다. 버린다(Toss), 전달한다(Refer), 처리한다(Act), 파일한다(File)가 그것 이다. 요지는 미적거리지 않고 즉시 처리한다는 것이다. 나중에 시 간 있을 때 답을 하겠다, 생각을 해봐야겠다가 아니라 이메일을 받 는 즉시 조치를 취하는 것이다.

시간 활용법

성공한 리더들은 시간 관리에 빈틈이 없다. 월트디즈니 회장 로버 트 아이거는 새벽 4시 45분에 일어나서 6시까지 운동하고 7시 첫 미팅이 열릴 때까지 독서를 한다. 미국의 한 최고경영자는 아침 출 근 시간을 유익하게 활용한다.

"저는 아침 출근길의 승용차나 전철 안에서 한 무더기의 서류를 처리합니다. 1시간 남짓한 그 시간이 제게는 정말로 유익하지요."

그들은 자투리 시간도 허투루 쓰지 않는다. 점심식사 전 4, 5분이 나 약속한 전화가 걸려오기 전 2, 3분 동안 놀랄 만큼 많은 일을 처 리한다. 자투리 시간 2분 동안 그들이 하는 일은 다음과 같은 것들 이다.

◆ 약속 날짜와 시간을 확인한다. 전화를 걸어 단지 "다음 주 화

요일 2시에 뵙는 거지요?"라는 말만 하고 끊는다.

◆ 받은편지함에 있는 2, 3개의 이메일에 대해 TRAF를 실시한다.

◆ 컴퓨터에서 오래된 파일 2, 3개를 삭제한다.

◆ 1, 2쪽 분량의 문서나 서류를 검토한다.

◆ 동료나 부하직원에게 미안한 일이 있으면 짧게 사과한다.

5분에서 30분간의 토막 시간에 할 수 있는 일들도 있다. 5분 동안 우리는 중요한 메시지가 있는 이메일이 왔는지 확인할 수 있고, 달력에 월간 약속을 정리해 표시할 수 있고, 소식이 뜸한 친구나 거래처 사람에게 간단한 안부를 전할 수도 있다.

30분 동안 할 수 있는 일은 더욱 많다. 예컨대 잡지나 학회지 등을 볼 수 있고 약속 장소에 나가 해야 할 말이 무엇인지 정리할 수 있다. 또 그냥 가만히 자리에 앉아서 창밖을 보며 복잡해진 머리를 식힐 수도 있다.

근무시간 중 자신만의 시간을 잠깐씩 갖는 것도 이들의 특징이다. 근무시간 중 어느 정도 자유가 허락되면 빈 회의실로 들어가거나 산책을 하거나 인근 카페에 들어간다. 그곳에서 회사 일을 비롯하여 가족, 여행, 취미활동 등 다양하고 폭넓은 생각에 빠진다.

메모 활용 기술

그들은 메모장도 잘 활용한다. 휴대하기 간편한 수첩을 들고 다니며 그때그때 떠오르는 생각이나 새로 수집한 정보 등을 적어둔다. 그들에게 수첩은 일종의 '기억처리장' 구실을 한다. 많은 사람이 갑작스레 주워듣는 정보나 뉴스를 포스트잇이나 봉투 뒷면에 적어놓는다. 그러고는 나중에 열심히 찾는다. 이미 어디론가 사라졌거나 깊숙한 곳에 처박혀 있을 게 분명하다. 성공한 경영자들은 포스트잇이 아닌 별도의 메모장에 기록한다.

메모장에는 이런 것들이 기록되어 있다. 우선 날짜가 적혀 있고, 근무시간에 보고 들은 메시지나 건의 사항, 그리고 기억해야 할 사항과 주소, 이런저런 사람의 전화번호 등이 빼곡하다.

물론 기록하는 방식은 사람마다 다르다. 라스베이거스 키스톤 마케팅 스페셜리스트의 사장 카렌 세틀은 편지지 크기의 노트와 통화일지를 늘 갖고 다닌다. 쉽게 알아볼 수 있도록 바로 처리할 일은 빨강펜, 약속은 노랑펜, 가정생활과 관련된 정보는 초록펜으로 표시한다.

작은 것이 쌓여 큰 것을 이룬다. 성공한 사람과 그렇지 않은 사람들의 차이도 바로 이런 작은 차이들이 쌓여 나타난 결과다. 이메일을 즉시 처리하는 것, 시간 관리를 잘하는 것, 메모를 잘하는 것, 그때그때 한 가지 일에 집중하는 것 등이 성공한 CEO들의 공통적인 습관이다.

회장은 왜 프로젝터를 껐을까

경쟁력 있는 조직의 회의 풍경

어느 회사 사장님의 요청을 받고 임원회의에 참석한 적이 있다. 회사 내부 커뮤니케이션에 문제가 있는 것 같으니 와서 보고 객관적으로 진단을 내려달라는 것이다. 분기실적을 평가하고 다음 분기의 전략을 점검하는 것이 회의 주제였다.

회의 시작과 함께 마이크를 잡은 사장이 일장 연설을 늘어놓기 시작했다. 시장 상황이 어떻고, 시장점유율이 얼마고, 문제는 뭐고, 대책은 무엇인지…. 그야말로 회의를 빙자한 사장의 원맨쇼였다. 나머지 임원진은 침묵으로 일관했다. 사장이 연설을 끝내고 나서 할 말이 있으면 해보라고 했지만, 사람들은 꿀 먹은 벙어리마냥 입을 다문 채 아무 반응도 보이지 않았다.

더 가관인 회사도 있다. 회의가 사장의 질책으로 시작해서 분풀

이로 끝난다. 제3자인 나조차 몸을 어디에 둘지 몰라 난감했다. 내가 그러니 참석자들은 오죽하겠는가. 다들 죄인처럼 머리를 아래로 처박은 채 성토대회가 얼른 끝나기만을 숨죽여 기다린다.

회의는 조직의 건강 상태를 알려주는 바로미터다. 회의 문화 하나만 보아도 그 조직이 흥할 조직인지 망할 조직인지 금방 알아차릴 수 있다. 사장이 마이크를 독점하거나 직원들을 쪼는 것이 주목적인 회사는 당장은 아닐지 몰라도 머지않아 내리막길을 걷게 될 것이다. 회의가 지나치게 많거나 회의 시간이 필요 이상으로 긴 회사도 마찬가지다. 회의에 가식이 난무하고 회의를 전략으로 삼는 사람이 많은 회사도 오래 버티지 못한다.

그에 반해 경쟁력 있는 회사는 회의가 짧고 효율적이다. 사장은 주로 남의 말을 경청하면서 활발한 토론이 이루어지도록 돕는다. 분위기가 무거워지면 질문을 통해 토론의 불씨를 살리고, 형식에 치우친다 싶으면 날카롭게 지적함으로써 적극적 조정자의 역할을 마다하지 않는다. 피터 드러커는 "유능한 경영자가 갖추어야 할 중요 덕목 중 하나는 회의를 생산적으로 하는 것이다. 경영자는 회의 목적을 명확히 알아야 하며 회의가 쓸모없는 시간 낭비가 되지 않도록 해야 한다"고 설파했다.

알맹이 없는 회의 문화를 혁신한 '작은' 행동

회의를 잘해 성공한 대표적 경영자는 IBM의 전임 회장 루이스 거스너다. 그는 몰락해가던 IBM에 부임해 먼저 회의 문화에 개혁의 칼을 들이댔다. 그는 퇴임 직전 한 인터뷰에서 취임 직후 가장 놀라웠던 일은 무엇이었냐는 질문에 "처음 IBM으로 갈 때 IBM의 문제는 전략과 실행이라고 생각했다. 그러나 정작 가보니 문제는 더 심각했다. 리더가 어떤 방향을 정하고 '나를 따르라!' 해서 되는 것이 아니다. 그렇게 한 후 뒤를 돌아보면 아무도 따라오는 사람이 없을 것이다. IBM은 마치 봉건영주들의 조직 같았다. IBM 사람들은 '내 기호에 맞지 않으면 참여하지 않겠다'는 생각이 팽배했다. 나는 토끼 굴에 떨어진 것 같았다. 문제는 전략이 아니라 이들과 함께 어떻게 전략을 펼쳐나가느냐는 것이었다"고 답했다.

IBM의 회의에는 일정한 형식이 있었다. 프로젝터는 필수고 그래픽을 곁들인 그럴싸한 프레젠테이션이 이어졌다. 전문용어와 약어 등 그들만의 어휘가 난무했다. 하지만 핵심은 빠져 있었다. 고객에 대한 생각과 시장과 연결된 경쟁 전략이 없었다. 또 다양한 주제들이 제각각 겉돌았다. 회사 전체를 관통하는 시각이 없었다.

형식적이고 알맹이가 없는 회의에 지쳐버린 거스너가 첫 번째로 취한 행동은 작고 단순한 것이었다. 하지만 파급력은 강력했다. 바로 프로젝터의 스위치를 내리는 것이었다. 메인프레임 사업의 현황을 듣는 자리에서였다. 예전 방식대로 책임자는 프로젝터를 켜고 보고를 시작했다. 그가 두 번째 슬라이드를 들었을 때 거스너는 조용히 앞으로 나가 프로젝터를 꺼버렸다. 한동안 어색한 침묵이 흘렀다.

"이제 이 문제에 대해 이야기해봅시다."

이날 거스너의 행동은 미국 대통령이 총기 사용을 금지하는 것만큼의 파장을 일으켰다. 형식주의를 타파하겠다는 의지를 몸으로 보여준 것이다. 이것은 취임 후 첫 90일 안에는 어떤 결정도 내리지 말라는 경영 구루들의 금언을 거부한 것이기도 했다. 둔할 대로 둔해진 IBM은 거스너의 파격적인 조치로 비효율적인 회의 문화를 일소하면서 마침내 부활의 신호탄을 쏘아올리기 시작했다.

토론에 활기를 불어넣는 '비논리의 논리'

조직의 의사결정은 회의에서 이루어진다. 회의가 조직의 운명을 좌우한다. 모두가 열의를 갖고 임하는 생산적인 회의는 경쟁력을 낳지만 하품이 나오는 형식적인 회의, 직원의 사기를 꺾는 고압적인 회의는 파멸의 길을 재촉한다. 회의의 성공 여부는 전적으로 CEO나 팀장이 어떤 스타일로 회의를 운영하느냐에 달려 있다. 그렇다면 회의를 잘하는 CEO들은 어떻게 하고 있을까?

가장 중요한 것은 사람들이 말하지 않는 것까지도 들으려고 하는 노력이다. 참석자의 진솔한 목소리를 들으려면 CEO가 입을 닫아야 한다. 말하기보다 듣기에 치중해야 한다. 제프리 이멜트 GE 회장은 "회의를 하다 보면 이미 머릿속에 답이 떠오르는 경우가 있다. 그러나 나는 말하지 않고 조용히 듣는다. 회의 참석자들이 스스로 정답을 찾도록 놔둔다. 때로는 내가 말하지 않고 듣는 편이 효과적일 수 있다고 생각해서다"라고 말했다. 100년 넘게 세계 최고의 기업으로 진화를 거듭해온 GE의 숨은 비결이 여기에 있다.

때로는 따끔한 일침을 가할 필요가 있다. 거스너가 프로젝터를 꺼버리고 실질적 토론을 주도했던 것처럼, 회의가 중구난방으로 흐르거나 알맹이 없이 형식에 치우칠 때는 CEO가 직접 나서야 한다.

앨런 래플리가 P&G의 CEO로 처음 부임했을 당시 P&G의 회의는 '회의를 위한 회의'에 불과했다. 거스너가 IBM에서 겪은 것과 다름없이 사업부장들은 파워포인트 슬라이드를 넘기며 녹음기처럼 읽기만 했다. 진지한 고민이나 참신한 대안은 찾아볼 수 없었다. 래플리는 비생산적인 회의 방식을 바꾸기로 마음먹고 참석자들에게 발표할 자료를 미리 자기에게 제출하게 했다. 그리고 궁금한 점이나 잘못된 부분을 피드백했다. 회의에서의 발표는 3쪽짜리 보고서로 줄이고, 전략적 의제에 대해서는 단순히 의견을 주고받는 선을 넘어 '어느 사업으로 어떤 시장에서 경쟁할 것인가', '어떻게 경쟁에서 이길 것인가'라는 핵심 이슈에 집중하여 토론하도록 유도했다.

CEO가 많이 듣고 올바른 지적을 한다고 해서 회의가 반드시 성공하는 것은 아니다. 그것만으로는 부족하다. 활발하고도 질적인 토론이 이루어져야 한다. CEO는 불쏘시개 같은 역할을 해야 한다.

미국의 첨단기술제품 생산업체인 에머슨 일렉트릭의 전임 CEO인 찰스 나이트는 회의 때 황당한 질문을 던지는 것으로 유명하다. 설령 한 사람의 아이디어가 마음에 들었다 해도 의도적으로 반대 의견을 제시하거나 논쟁적인 질문을 던져서 격론이 벌어지게 유도한다. 그는 이러한 회의 방식을 '비논리의 논리'라고 말하는데, 이는 결국 참석자들의 경각심을 키우고 사고의 깊이를 더하기 위한 것이었다.

회의의 성공은 CEO의 노력과 관심의 크기에 비례한다. 회의가 건설적인 논의의 장이 되도록 끊임없는 고민과 애정을 보여주는 CEO, 시간과 장소를 불문하고 직원이나 고객을 배려하며 대화를 즐기는 CEO라야 회사의 경쟁력을 높일 수 있다.

옥석을 어떻게 구분할 것인가

채용과 발탁의 기술

삼성을 만든 이병철 회장의 초대 운전기사는 위대식이라는 사람이다. 그는 이 회장의 총애를 받아 임원에 해당하는 수석부장까지 올라갔다. 주식도 많이 받아 경제적으로도 풍요로운 생활을 했다.

한국전쟁 때의 사건이 결정적이었다. 당시 이병철 회장은 부산에 출장 중이었고 가족들은 미처 피난을 가지 못했다. 그러니 이병철 회장이 얼마나 애를 태웠겠는가. 그때 이 회장의 가족을 지금의 송파구 쪽으로 피난시키고 보살핀 사람이 바로 위대식이다. 인민군에게 뇌물을 주고 인천에 있던 삼성물산 창고의 물건을 빼내 암시장에서 처분한 뒤 그 돈으로 가족과 임원들을 보호한 것이다. 목숨을 건 행동이었다.

이 회장은 원래 대구에서 조선양조, 삼성상회 등을 세우고 삼성

사이다 등을 팔았다. 서울로 올라오면서 그 사업을 이창업이란 사람에게 맡기고 여러 해 동안 일체 돌보지 않았다. 보고도 받지 않고 알아서 하라며 일임했다. 나중에 이병철 회장이 대구로 피난을 가자 그동안 사업을 맡고 있던 이창업이 그동안 번 돈이라며 3억 원을 내놓았다. 이 돈으로 삼성은 재기의 발판을 마련했다.

위대식과 이창업, 참 대단한 사람이다. 이들이 무슨 리더십 교육을 받은 것도 아니다. 이병철 회장이 사람을 알아보고 제대로 된 사람을 뽑았을 뿐이다.

조직이 성과를 올리기 위해서 가장 중요한 것은 바로 채용이다. 올바른 사람을 뽑는 것이 제일이다. 그것이 리더십의 첫 단추이다. 이병철 회장이 경영에 성공한 것도 채용에 탁월한 안목이 있었기 때문이다.

"채용이 가장 중요합니다. 버스가 어느 방향으로 갈지보다 버스에 어떤 사람을 태울지를 먼저 결정해야 합니다. 올바른 사람을 태우면 다른 것은 별로 문제 되지 않습니다. 하지만 잘못된 사람을 태우면 사사건건 문제가 됩니다. 문제가 되지 않을 것도 문제가 됩니다. 비전이고 동기부여고 소용없는 일입니다. 가장 중요한 것은 채용입니다."

채용의 중요성을 다룬 《유능한 관리자》(마커스 버킹엄 외 지음)

라는 책의 한 대목이다.

리더십은 결국 채용이다. 채용이 알파요 오메가다. 채용을 잘하면 나머지 부분이 조금 약해도 상관없다. 하지만 채용에서 실패하면 다른 것을 아무리 잘해도 소용없다.

사람의 진면목을 알아보는 방법

사람을 알아보는 일은 쉽지 않다. 어떤 사람이 쓸 만한 사람인지 아닌지 알아볼 수 있다면 당신은 이미 최고의 단계에 올라선 사람이다. 그렇기 때문에 훌륭한 관리자가 되려면 채용에 많은 열정을 쏟아야 한다.

"인재를 확보하고 계발하는 일이나 금을 캐는 일이나 똑같다. 금 1온스를 캐내려면 몇 톤의 흙을 파내야 한다. 흙을 파낸다고 우리에게 흙이 필요한 건 아니다. 우리는 금을 얻으려고 하는 것이다."

세일즈의 대가 지그 지글러의 이야기다. 그렇다면 흙 속에서 금을 캐듯 인재를 알아보려면 어떻게 하는 것이 좋을까?

말 하나 동작 하나라도 놓치지 않는 면밀한 감각이 필요하다. 그중 하나가 세밀한 관찰이다. 면접 장소에서는 물론 평상시의 모습까지 관찰하면 그 사람이 어떤 사람인지를 정확히 알 수 있다. 오히려 면접 때는 자신도 모르게 긴장하거나 미리 연습한 결과를 보여주기 때문에 본연의 모습이 나타나지 않을 가능성이 높다. 그보다는 우연히 보이는 행위를 통해 그 사람의 진면목에 더 다가갈 수 있다. 요즘 면접에서 돌발 상황을 연출하거나 의외의 질문으로 면접자를 당황하게 만드는 것도 같은 맥락에서다.

모 기업 회장이 사장 후보로 점찍어두었던 사람과 골프를 치다가 그를 포기했다는 일화를 들려주었다.

"골프를 치는데 티샷한 볼이 오비가 났습니다. 숲 속으로 들어간 게 분명했습니다. 자주 가는 곳이라 훤하거든요. 근데 그 후보자가 얼른 캐디에게 가더니 회장님 볼을 오비가 아닌 것으로 하라는 말을 우연히 엿듣게 되었습니다. 제 딴에는 나를 위한다고 한 일 같은데, 그 순간 '저 친구는 안 되겠다'는 생각을 했습니다. 그런 사람은 목적을 위해 수단과 방법을 가리지 않을 사람입니다. 아주 위험한 사람이지요. 도덕성은 하루아침에 만들어지지도 않고, 가르친다고 개선되는 것도 아닙니다. 똑똑하고 실력은 있었지만 아무 갈등 없이 그 사람을 포기했습니다."

조심해야 할 사람

LG그룹의 구본무 회장도 남모르게 사람을 평가하는 것으로 알려져 있다. CEO가 될 만한 임원을 따로 불러 본인도 모르게 테스트를 한다고 한다. 구 회장은 계열사나 협력업체 사장들과 골프를 할 때 CEO 후보자를 슬쩍 끼워 넣는다. 핸디캡 9로 80대 초반을 치는 구 회장은 사람의 인품을 알아보는 데 골프만한 것이 없다고 생각한다. 그는 동반자가 골프를 얼마나 잘 치는지는 보지 않는다. 그것보다는 골프 매너를 중시하는지, 특히 위기에 빠졌을 때 어떻게 대처하는지, 성의 없이 대충 치지 않는지를 꼼꼼히 살핀다. 예컨대 오비를 냈을 때, 벙커에 빠졌을 때, 3퍼트를 했을 때 표정이나 반응이 어떤지, 어떻게 마무리하는지를 유심히 지켜보며 사람 됨됨이를 파악한다.

나는 존경하는 사람이 없다는 사람을 조심한다. 그런 사람은 대체로 부정적인 면만을 볼 가능성이 크기 때문이다. 부모와 사이가 나쁜 사람도 조심한다. 나이 든 사람과 갈등을 빚을 개연성이 높기 때문이다. 늘 뭔가를 해야만 직성이 풀리고 쉬는 것을 죄악시하는 사람도 조심한다. 정신적으로 건강하지 않다고 생각하기 때문이다. 착한 사람이라는 이야기를 듣는 사람도 신뢰하지 않는 편이다. 그런 사람들은 물에 물 탄 듯, 술에 술 탄 듯 아무 색깔이 없고 자기 의견도 없는 경우가 많아 답답하고 지루한 분위기를 조성하기 때문이다. 차라리 다소 반항적인 면이 있더라도 자기 의견이 확실한 사람이 좋다.

치국은 용인(用人)에 있고, 용인은 채용과 평가를 전제로 한다. 사실 기업이나 국가 경영에서 인재를 선발하는 일만큼 중요한 것이 또 있을까. 너도나도 인재 잡기를 전쟁 치르듯 하고 시간과 장소, 기법을 불문하고 테스트에 심혈을 기울이는 이유가 있는 것이다. 명불허전(名不虛傳)이라지만 유명무실(有名無實)한 경우 또한 얼마나 많은가.

당신 같은 사람을 곁에 두고 싶소

열정을 일으키고 전파하는 방법

GE는 임원들에게 4가지 역할을 강조하고 있다. Energy(열정), Energize(열정 불어넣기), Edge(결단하기), Execute(실행하기)가 그것이다. 그중 2가지가 열정이다. 열정을 갖고 그것을 사람들에게 불어넣으라는 말이다.

열정은 임원에게만 필요한 것이 아니다. 누구나 자신의 삶과 일에 열정을 가져야 한다. 열정은 전염되고 전파된다. 열정적으로 일에 몰입하는 사람을 보면 옆에 있는 사람도 자극을 받아 자신의 삶에 최선을 다하게 된다. 당신은 어떠한가? 자신의 일을 좋아하는가? 자신의 삶에 애정과 열정을 갖고 있는가? 열정을 불어넣는 대신 짜증이나 불쾌함을 주는 사람은 아닌가?

열정(enthusiasm)의 어원은 '신(theos)이 내 안에 들어왔다'이다. 우리말로 하면 '신이 내린다(接神, 접신)' 정도로 해석할 수 있다. 이 상태가 되면 내가 일을 하는지, 신이 일을 하는지 구분하기 어렵다. 신들린 듯 일하는 것이다. 무당처럼 몰입 상태에서 무엇인가를 집중적으로 할 수 있는 마음이나 능력이 바로 열정이다. 이런 열정만 있다면 어떤 일이라도 할 수 있다. 성공은 곧 열정이다. 열정적인 사람이 성공한다.

열정 무장

열정으로 무장하기 위해서는 다음과 같은 질문이 필요하다.

나는 누구를 위해 일하는가? 나는 무엇을 위해 일하는가? 내 직업은 내 인생에 어떤 의미가 있는가?

열정은 조직을 위해 갖추어야 하는 것이 아니라 나 자신을 위해 만들어내야 하는 것이다. 누가 주는 것이 아니라 스스로 찾아야 한다. 열정은 에너지, 욕구, 신념의 힘이며, 비전 실현을 위해 규율을 지속시키는 추진력이다. 세상의 필요와 개인의 재능이 일치할 때 열정이 생긴다. 내면의 소리를 찾고, 그 소리를 이용해 숭고한 목적 달성에 이바지할 때 열정이 솟아난다.

열정을 갖기 위해서는 자신이 하는 일을 미친 듯이 좋아해야 한다. 일에 푹 빠져 있어야 한다. 불광불급(不狂不及)이다. 미치지 않으면 해낼 수 없다. 기계에 미치면 소리만 들어도 어디가 문제이고 언제쯤 고장 날지를 짐작할 수 있다. 쇳물에 미치면 색깔만으로 수율(收率. 실제로 생산된 분량을 이론상 기대한 분량으로 나눈 비율)을 계산할 수도 있다. 영업에 미친 사람은 고객의 눈빛만 봐도 무엇을 원하는지 파악할 수 있다. 무슨 일을 하느냐가 아니라 그 일을 어떻게 해내느냐가 중요하다. 얼마나 애정과 긍지를 갖고 있느냐가 중요하다.

열정으로 성공한 사람 하면 떠오르는 인물이 있다. 존 아치볼드다. 그는 원래 스탠더드 오일의 말단 직원으로, 별명이 '한 통에 4달러'였다. 일에 대한 열정 때문에 붙여진 이름이다. 그는 출장을 가서 호텔에 묵을 때면 숙박부에 늘 자기 이름을 적고 그 옆에 '한 통에 4달러, 스탠더드 오일'이라는 문구를 빠뜨리지 않고 기록했다. 동료들이 그를 놀렸다. 무슨 의미가 있느냐는 것이다. 하지만 그는 늘 똑같이 행동했다. 자신의 작은 노력이 언젠가는 회사에 큰 도움을 줄 수 있을 걸로 확신했다. 그러던 어느 날, 캘리포니아의 한 작은 도시에 간 아치볼드가 밤늦게 호텔을 찾았다. 방으로 올라가 침대에 누운 그는 갑자기 숙박부에 이름만 쓰고 왔다는 사실을 깨닫고 다시 옷을 입고 로비로 내려가 숙박부를 달라고 한 후 '한 통에 4달러, 스탠더드 오일'이란 문구를 자기 이름 옆에 써넣었다. 그의 행동을 유심히 관찰하던 한 신사가 그에게 물었다.

"왜 그런 문구를 써넣지요?"

"제 회사를 조금이라도 더 많은 사람들에게 알리려는 것입니다. 혹시 이 호텔을 찾는 손님 가운데 갑자기 석유가 필요한 분이 있다면 제 숙박계를 본 종업원이 스탠더드 오일을 권할 확률이 높지 않을까요?"

그 일이 있고 한 달쯤 지났을까. 아치볼드는 회장의 특별 초대를 받는다. 회장은 호텔에서 만난 손님, 록펠러였다. 록펠러 회장으로부터 "나는 당신처럼 열정이 넘치는 사람을 옆에 두고 싶소"라는 말을 들은 아치볼드는 그날로 본사 발령을 받고, 결국 최고경영자의 자리에까지 오른다.

열정 전파

열정으로 무장한 다음에는 이를 주변 사람들에게 전파할 수 있어야 한다. 자기 안의 불꽃으로 남들도 불타오르게 할 수 있어야 한다. 동기부여다. 당신은 어떤가?

강남구 대치동은 우리나라 사교육의 메카 같은 곳이다. 대치동의 집값이 비싼 이유 가운데 하나도 바로 막강 학원들 때문이다. 하지만 자체 경쟁이 엄청 치열하다. 한순간만 삐끗해도 살아남지 못한다. 그래서 새로 만들어지는 학원 못지않게 망해 나가는 학원도 많다. 그 가운데 막강한 경쟁력을 유지하는 곳이 있다. DYB 최선어학원이다.

이 학원은 분위기가 밝고 에너지가 넘친다. 강사들이 높은 사기를 유지하는 비결은 바로 송오현 원장에게 있다. 그는 자신의 가장 중요한 역할은 동기부여라고 생각한다. 그의 말이다.

"별것 아닌 제가 이렇게 된 것은 다 선생님들 덕분입니다. 그분들이 잘하니까 제가 이렇게 성공을 한 것이지요. 제 일은 좋은 선생님을 찾아 모셔오는 일입니다. 우리 학원의 가장 큰 재산은 바로 그들이거든요. 다음에는 그들이 최선을 다할 수 있도록 환경을 조성하고 동기를 부여하는 것입니다."

송 원장은 공부를 열심히 한다. 뭔가 가르치고 이끌려면 자신이 많이 알아야 한다고 생각하기 때문이다. 또한 자주 이벤트를 열어 상도 주고 즐거움도 나누려 한다. 잘하는 선생님을 앞에 모셔서 그의 노하우를 다른 사람들에게 전하게 한다. 스태프들이 선생님들을 관리하려 들면 그는 이렇게 충고한다.

"관리란 말을 쓰지 마세요. 선생님들은 관리 대상이 아닙니다. 관리라는 말은 왠지 간섭하고 통제한다는 느낌을 줍니다. 그냥 선생님들을 믿고 지켜보세요. 그게 우리 역할입니다."

《손자병법》에서 말하는 승리하는 조직의 특성 중 하나가 기세등 등함이다. 자신감 있고 사기가 하늘을 찌를 듯한 조직이 승리한다 는 것이다. 맞는 말이다. 기세등등한 조직을 만들기 위해서는 여러 가지 노력을 지속적으로 해야 한다. 하지만 방치하면 귀곡산장 같 은 조직이 된다. 동기부여는 힘들지만 동기를 빼앗는 것은 쉽다.

유형에 맞는 동기부여

동기부여 방법은 사람에 따라 다르다. 케네스 토머스 미국 해군 대학원 교수는 사람을 4가지 유형으로 구분하여 거기에 맞게 동기 부여를 해야 한다고 주장한다.

첫째, 선택받고 싶어 하는 사람이다. 이들에게는 과감한 권한 이 양, 정확한 목표 제시가 중요하다. "자네만 믿네" 같은 말로 깊은 신 뢰감을 표해야 한다. 실수는 솔직하게 인정하고, 확실한 정보를 주 어야 한다.

둘째, 의미를 찾는 사람이다. 가치 지향적인 인물이다. 자신이 하 는 일이 가치가 있는지를 가장 중요하게 생각한다. 이들을 위해서 는 우호적인 분위기를 만들어야 한다. 당사자의 열정을 이해하고, 비전을 정교하게 다듬어 잘 전달해야 한다. 의미 있는 업무를 주어 야 한다. 조각 난 일보다는 전체 업무를 주거나, 그의 업무가 전체에서 어떤 비중을 차지하며 어떤 의미가 있는지를 명확하게 알려주어야 한다.

셋째, 자신의 역량에 민감한 사람이다. 뭔가 자신이 나아지고 있다는 사실에 큰 가치를 두는 사람들이다. 연구소에 근무하는 연구원들 중에 이런 성향의 사람들이 많다. 월급이 적은 것은 참을 수있지만, 자신의 전공에서 밀린다는 사실은 못 견뎌 한다. 이들에게는 지식과 스킬을 연마할 기회를 제공하는 것이 중요하다. 능력을인정하는 피드백을 주고 스킬을 인정해야 한다. 무엇보다 적당한수준의 도전거리를 제공하여 자극해야 한다. 그래서 스스로 자신이 나아지고 있다는 사실을 알게 해야 한다.

넷째, 성취 지향적인 사람이다. 자신의 커리어에 민감한 사람들이다. 지금 하는 일이 미래 자신의 커리어에 도움이 되느냐 아니냐를 중시한다. 이들에게는 지금의 일이 어떤 형태로 도움이 되는지를 설명할 수 있어야 한다. 주기적으로 그들의 성취를 축하해야 한다. 고객에게 직접 접근하게 하고 성과를 측정해주어야 한다.

데이비드 맥클란 하버드대 교수는 사람을 성취 지향형, 관계 지향형, 권력 지향형으로 구분한다. 어떤 사람을 의미하는지 머리에그려질 것이다. 성취 지향적인 사람에게는 힘들고 도전적인 과제를부여할 필요가 있다. 관계 지향적인 사람에게는 진급보다는 자기하고 맞는 사람과 일하도록 하는 게 좋다. 도전적인 일보다는 조화를 이루는 일에 적합하다. 권력 지향적인 사람에게는 타인을 통제할 수 있는 직위를 제공하여 만족감을 높여주는 것이 효과적이다.

여기서 잊지 말아야 할 것은 모든 사람은 다르고, 그렇기 때문에 각자에게 맞는 방법을 써야 한다는 사실이다. 그렇게 하기 위해서는 다음의 질문을 던져보아야 한다.

그가 해야 하는 일과 해서는 안 되는 일은 무엇일까? 그에게 잘 맞는 역할은 무엇일까? 맡기면 안 되는 역할은 무엇일까? 어떤 식으로 목표를 주는 것이 효과적일까? 어떤 식으로 격려하고 보상하는 것이 효과적일까?

사람은 자신을 알아주는 사람을 위해 목숨을 바친다고 한다. 사람은 존중받고 있다고 느낄 때 충성하게 된다. 동기부여에서 중요한 것은 존중심이다.

화장품회사 메리케이의 회장인 메리 케이 애시는 대통령 주재 백악관 리셉션에 참석해달라는 초청을 받았다. 보통 사람에게 일생에 한 번 올까 말까 한 기회다. 하지만 그녀는 이를 정중히 거절했다. 신입 컨설턴트들과의 선약 때문이다. 그들과의 선약이 대통령을 만나는 것보다 더 중요하다고 믿었기 때문이다. 리셉션 초청 당시 그는 사업차 워싱턴에 있었음에도 불구하고 신입사원 미팅에 참석하기 위해 댈러스로 달려갔다.

리더는 구성원들에게 자극을 주고 열정을 불어넣는 주체다. 하지만 결코 쉽지 않다. 이를 위해서는 리더 자신이 먼저 열정으로 넘쳐야 한다. 스스로 불탈 수 있어야 한다. 삶에 만족하고, 일을 좋아하고, 늘 씩씩한 목소리로 대화를 주고받아야 한다. 그 속에서 리더의 열정이 전염되는 법이다. 자신은 터덜터덜 걸으면서 직원들이 힘차게 걷기를 기대할 수는 없다. 리더 스스로 자기가 하는 일에 의미와 재미를 느끼고, 그 느낌을 직원들과 주고받아야 한다.

"우선 다른 사람의 마음에 열렬한 욕구를 불러일으켜라. 이것을 할 수 있는 사람은 전 세계를 얻을 수 있고, 그렇지 못한 사람은 외로운 길을 걸을 것이다."

미국의 심리학자 해리 오버스트리트의 말이다.

"사람들로 하여금 어떤 일을 하게끔 만드는 단 하나의 방법은 그 일에 다른 사람의 욕구를 불러일으키는 것이다. 소리 치고, 위협하고, 때리는 방법으로 원하는 것을 시킬 수는 있지만, 이런 원시적인 방법은 단기적으로만 작동될 뿐 아니라 심한 반발을 불러온다. 사람들이 진정으로 원하는 것은 무엇일까? 사람들은 많은 것을 원하지 않는다. 건강과 장수, 음식, 수면, 돈과 돈으로 살 수 있는 물건들, 미래의 삶, 성적인 만족, 자녀들의 행복, 존경을 원한다. 그중에서 위대해지고 싶은 욕구, 중요한 사람으로 대접받고 싶은 욕구는 쉽게 간과하는 인간의 본능이다. 가치 있고 중요한 목표를 위해서 일한다는 느낌과 의미를 사람들에게 부여하는 일이 중요하다. 이런 것을 충족시키면 진정으로 동기가 부여된다. 사람들을 인정하고 참여시키고 격려하라. 그들을 훈련시키고 의견을 묻고, 칭찬하라. 그들 자신이 결정하게 하라. 그들과 함께 영광을 나누어라. 그들의 충고를 구하고 받아들일 수 있는 것은 받아들여라. 그들이 얼마나 소중한지를 인식시키고, 위험을 무릅쓰라고 격려하라. 그들이 스스로 일할 수 있도록 자유를 주고 그들의 능력에 대한 당신의 믿음을 전하라."

데일 카네기의 말이다.

그런다고 무엇이 나아지겠느냐고?

변신의 시작

이병철 전 삼성그룹 회장은 공장을 돌아볼 때마다 몇 가지 사항을 중점적으로 살폈다. 공장 앞에 있는 나무의 건강 상태, 기숙사 화장실의 청결 유무, 직원들의 표정 등이 그것이다. 별것 아닌 듯하지만 그것만 보아도 공장의 현황, 직원들의 정신 상태 등을 어느 정도 알 수 있기 때문이다. 그런가 하면 모 기업의 사장은 책상의 정리정돈 상태를 보고 그 사람을 판단한다고 한다. 그것만으로도 그가 어떤 사람인지, 요즘 무슨 생각을 하면서 사는지를 짐작할 수 있기 때문이다.

미국의 범죄학자 제임스 윌슨과 조지 켈링은 1982년 3월 월간 〈애틀랜틱〉에 '깨진 유리창'이란 제목의 글을 발표했다. 깨진 유리창처럼 사소한 것들이 사실은 사람들에게 중요한 메시지를 전달한다는 내용이다. 건물 주인이 깨진 유리창을 방치하면 사람들은 건물 주인과 주민들이 그 건물을 포기했다고 생각하고 건물에 돌을 던지고 침을 뱉는 등 더욱 마구잡이로 행동하게 된다는 이야기다. 한 사람이 우연히 집 근처에 쓰레기를 버렸는데 집주인이 이를 방치하면 다른 사람들도 그곳에 쓰레기를 버리기 시작하고, 결국은 완전히 쓰레기장으로 변해버리는 것과 똑같은 이치다.

문제는 어느 순간 갑자기 나타나지 않는다. 문제의 확대도 단번에 이루어지는 것이 아니다. 초기에 어떤 조짐을 보이기 시작하다가 일정한 단계를 거쳐 걷잡을 수 없이 커지게 된다. 따라서 조짐이 보이자마자 철저하게 대응해야 문제가 더 이상 확대되지 않는다. 문제의 싹을 잘라야 한다. 침을 뱉고 담배꽁초를 버리는 일을 사소하다는 이유로 방치하면 점점 더 쓰레기 투기가 늘어나고 갈수록 많은 사람이 그 대열에 합류하면서 조직과 사회 전체가 불결과 혼란의 도가니에 빠져들게 된다. 반면 조짐이 보이면 바로 고치고 원칙과 규율을 엄격하게 지켜나가면 사람들도 아예 엄두를 내지 않는다. 시내에서는 과속하고 법규를 제대로 안 지키던 사람이 용산 미군기지 안에만 들어가면 얌전한 운전자로 돌변하는 것도 비슷한 이유에서다.

뉴욕을 바꾼 '낙서 금지'

1990년대 초 뉴욕은 추락을 거듭하고 있었다. 어떤 사람은 뉴욕을 썩어가는 사과로 묘사하기도 했다. 도시를 버리고 떠나는 이들도 늘어났다. 당시로서는 어쩔 도리가 없어 보였다. 그런데 믿을 수 없는 일이 벌어졌다.

1994년 뉴욕시장이 된 루돌프 줄리아니는 지하철의 낙서와 타임스스퀘어의 성매매를 근절시키겠다고 선언했다. 그러자 이에 반대하는 사람들이 들고 일어났다. 강력범죄도 막지 못하는 주제에 그깟 사소한 것을 금지시킨다고 무엇이 나아지겠느냐는 생각 때문이었다. 하지만 줄리아니는 호락호락한 인물이 아니었다. 그는 추호의 흔들림도 없이 사소한 범죄라도 절대 불허한다는 메시지를 강력하고도 분명하게 전달했다. 별것 아닌 듯한 작은 일 하나부터 바로잡아나가면 뉴욕을 안전하고 깨끗한 도시로 만들 수 있으리라는 확고한 믿음이 있었기 때문이다.

과연 줄리아니의 예상은 빗나가지 않았다. 사소한 경범죄를 막기 위해 꾸준히 노력한 결과, 연간 2,200건에 달하던 살인 사건이 1,000건 이상 감소하는 쾌거를 이룩했다. 거리도 깨끗하게 바뀌어갔다. 시민들은 다시 뉴욕이 살 만한 도시라는 생각을 갖게 되었다. 경범죄에 철퇴를 가하는 모습에서 사람들은 "경범죄에도 저렇게 강력 대응하니 강력범죄는 볼 것도 없겠구먼" 하는 경각심과 새로운 희망을 품게 되었다.

깨진 유리창

작은 불씨 하나가 광야를 불사르듯 모든 일은 작고 사소한 것에서 비롯된다. 아무리 작은 흠이라도 그대로 방치해서는 안 되는 이유다. 그때그때 깨진 유리창을 찾아내서 고쳐야 한다. 이는 사업에도 그대로 적용된다.

디즈니랜드의 깨진 유리창은 더운 날 가족들이 4분짜리 놀이기구를 타기 위해 한없이 기다려야 하는 것이었다. 가고 싶어도 기다리는 것이 싫어 포기하는 사람이 허다했다. 해결책은 간단했다. 바로 패스트 패스(Fast Pass)제도였다. 방문객들이 자리를 예약할 수 있도록 만든 것이다. 기계에 입장권을 넣으면 예약 시간이 찍혀 나오고 비는 시간을 이용해 다른 놀이기구를 먼저 즐긴 다음 다시 돌아와 줄서기 없이 예약된 놀이기구를 탈 수 있게 했다. 이 간단한 조치로 디즈니랜드는 깨진 유리창을 고쳤고, 덕분에 방문객들은 불편 없이 놀이기구를 즐기게 되었다.

대부분의 영화관에서는 영화 상영 전 광고를 내보낸다. 관객들이 광고를 보러 가는 것이 아닌데도 말이다. 관객을 생각하기보다 수익 올리기에 급급한 영화관의 자화상이다. 그것이 늘 불만인 한 영화광이 있었다. 어느 날 그는 상영 전에 다음 개봉작 예고만 하고 다른 광고는 하지 않는 영화관을 발견했다. 그는 그곳의 단골이 되었고 나아가 친구와 이웃들에게 그 영화관을 홍보하고 다녔다. 영화관에서 따로 부탁한 것도 아닌데 말이다. 상영 전 광고가 깨진 유리창이었던 셈이다.

고객은 깨진 유리창을 보더라도 당장 드러내서 말하지 않는다. 다시 찾지 않을 뿐이다.

검찰은 비밀금고를 어떻게 열었을까

행운과 불운의 씨앗

모 재벌그룹 회장은 불법로비자금 사건으로 곤욕을 치렀다. 휴일에 별 안간 본사를 덮친 검찰이 당직자에게 회장실 금고의 위치를 물었다. 물론 당직자가 알 리 없었다. 하지만 검찰은 그림 뒤에 있던 비밀금고를 찾아내 고 주저 없이 비밀번호를 돌려 금고를 열었다. 그러자 엄청난 양의 현금이 나왔다. 이것이 사건의 전말이다.

도대체 검찰은 어떻게 금고의 위치와 비밀번호를 그렇게 정확히 알게 되었을까? 인사에 불만을 품은 고위 임원의 제보가 있었기 때문이다. 문 제의 회장은 무자비한 인사로 유명했다. 인정을 받던 사람도 한번 눈 밖 에 나면 예고도 없이 잘라버렸다. 그래서 회사의 임원들은 스스로를 파 리 목숨이라며 비하했다. 이 사건은 자신의 목을 날린 데 앙심을 품은 임 원의 복수극이었던 것이다.

비슷한 이야기를 여러 곳에서 들었다. 메시지는 명확하다. '사람을 함부로 대하면 그 사람이 어떤 형태로든 복수를 한다'는 것이다. 자신을 함부로 대한 사람에게 물리적인 복수까지 하지는 않더라도 두고두고 원망하며 세상에 이를 전파한다.

반대로 모 회장은 늘 사람을 소중히 대했다. 웬만하면 사람을 자르지 않을 뿐 아니라 회사를 나가더라도 먹고 살 방편은 만들어주었다. 그는 늘 이렇게 이야기했다.

"사람들 가슴에 못을 박으면 내가 우선 불편합니다. 그리고 그 사람들은 어떤 형태로든지 해코지를 하려 합니다. 직급이 높을수록, 돈이 많을수록 매사에 조심해야 합니다. 리스크 관리를 해야 합니다. 사람들에게 정성을 다하는 것이 최선의 리스크 관리지요."

그런 경영철학 덕택에 이 회사는 위기를 모면하기도 했다.

경쟁이 치열해지면서 경쟁사에서 이 회사 사람들을 빼내려고 혈안이 되었다. 월급을 배로 올려주겠다면서 유혹했다. 다른 경쟁사들은 인재 유출로 경영에 큰 타격을 입었고, 그중 몇몇 회사는 문을 닫아야 했다. 하지만 이 회사에서는 단 한 명의 인재도 빠져나가지 않았다. 회식 자리에서 몇몇 직원을 통해 그들의 마음을 알 수 있었다. 그들은 이렇게 이야기했다.

"사실 저도 인간이기 때문에 마음이 흔들렸습니다. 월급을 2배준다는데 어떻게 아무렇지도 않겠어요. 하지만 우리끼리 이야기하면서 마음을 다잡았습니다. 우리를 저렇게 인간적으로 대해주신 회장님을 어떻게 배신하느냐? 월급은 오를지 모르지만 마음이 불편할 것 같다."

사람은 자기를 대접해준 사람을 잊지 않는 법이다. 사람에게 쏟은 정성은 위기의 순간에 더 큰 보답으로 돌아온다.

'사람이 큰 돌에 걸려 넘어지는 경우는 별로 없으며 대부분 하찮게 여겼던 작은 돌에 걸려 넘어진다(禍患常積於忽微)'는 말이 있다. 송나라 때의 정치가이자 문인이었던 구양수가 쓴 《영관전서(伶官傳序)》에 나오는 말이다. 큰 돌은 눈에 잘 띄기 때문에 미리 조심하고 피해 가지만, 작은 돌은 눈에 잘 띄지 않기 때문에 살피지 않다가 그 돌에 걸려 넘어지게 된다.

목숨을 구해준 찬밥 한 덩이

작은 것이 중요하다. 간과하기 쉽지만 그 때문에 사고가 터지곤 한다. 크고 무거운 문제에 대해서는 누구나 미리 준비하고 관심을 기울이지만, 작은 일은 아무렇지도 않게 무시하거나 지나쳐버리기 때문이다. 중국의 《전국책(戰國策)》에 나오는 이야기 한 토막이다.

중산군이란 사람이 있었다. 그는 가신을 불러 잔치를 했다. 갖가지 음식이 나왔고 잔치는 풍성했다. 양고깃국이 나왔는데 국이 부족해 사마자기라는 사람은 먹지 못했다. 그는 이를 자신에 대한 모욕이라고 생각했다. 이 사소한 일 때문에 그는 중산군을 버리고 이웃 초나라로 갔다. 그리고 초나라 왕을 설득해 중산군을 공격했다. 졸지에 중산군은 피신하는 신세가 되었다. 황당한 일이 아닐 수 없다. 그런데 한 번도 본 적 없는 두 젊은 형제가 목숨을 걸고 중산군을 지켜주었다. 궁금해진 중산군이 물었다. 그들은 이렇게 이야기했다.

"저희 아버님께서 배가 고파 쓰러져 있을 때 중산군께서 친히 밥 한 덩이를 주었고, 덕분에 목숨을 구할 수 있었지요. 아버님이 유언하시기를, 중산군에게 어려운 일이 생기면 목숨을 걸고 보답하라고 하셨습니다."

이 말을 들은 중산군은 생각했다.

'타인에게 베푼다는 것은 많고 적음의 문제가 아니다. 상대방이 정말 어려울 때 돕는 게 중요하다. 상대의 원한을 사는 것 역시 크고 작음의 문제가 아니다. 상대의 마음을 상하게 하는 데 문제가 있는 것이다. 나는 양고깃국 한 그릇으로 인해 나라를 잃었고, 찬밥 한 덩이 때문에 목숨을 구했다.'

삶이란 결코 큰 것들만의 합이 아니다. 대단한 이벤트의 연속도 아니다. 행운도 불운도 결국은 사소한 것에서 비롯된다. 그러니 사소한 말 한마디, 눈빛 하나도 조심하고 또 조심해야 한다. 냉소와 무시 같은 것은 대단히 위험하다. 자신도 모르게 남에게 상처를 주기 때문이다. 상처받은 사람들이 적이 되어 언제 어디서 어떻게 복수를 해올지 모른다. 작은 일을 제대로 해결하지 않으면 그것이 차곡차곡 쌓였다가 불쑥 '불운'이란 이름으로 찾아올지 모른다.

군데군데 양산을 펼쳐두라

리더가 알아야 할 '경영의 중심'

1970년 오사카박람회에서의 일이다. 마쓰시타전기도 전시관을 세우고 자사 제품을 전시했다. 예고 없이 박람회장을 방문한 마쓰시타 회장(당시 75세)은 폭염 속에서 마쓰시타 전시관 앞에 장사진을 이룬 사람들을 보고 전시관에 입장하는 데 얼마나 걸리는지 알아보기 위해 줄 끝에 섰다. 직원이 그를 보았지만 아무 조치도 취하지 않았다. 구경 나온 보통 노인일 거라고 생각했기 때문이다. 마쓰시타 회장님이라면 당연히 전용문을 이용할 거라고 넘겨짚은 것이다. 2시간 정도 기다린 후 겨우 전시관에 들어간 마쓰시타는 직원에게 다음과 같은 지시를 내렸다.

첫째, 신속하게 관람할 수 있는 방법을 강구할 것. 둘째, 군데군데 양산을 펼쳐둘 것. 셋째, 기다리는 관람객들에게 방수처리가 된 고급 종이모자를 나누어줄 것.

기다림의 고통을 체험했기에 그것을 조금이라도 덜어주려는 순수한 마음에서 간단한 지시를 내렸던 것인데, 이것이 의외의 좋은 결과를 가져왔다. 전시장을 찾은 관람객들에게 고객을 배려하는 마쓰시타전기라는 깊은 인상을 심어준 것이다.

경영의 출발점은 사람을 존중하고 불쌍하게 생각하는 측은지심이다. 아무리 월급을 많이 줘도 인간적인 냄새가 나지 않는다면 사람들이 진심으로 따르지 않는다. 그렇기 때문에 최고경영자는 먼저 사람들에게 깊은 관심을 갖고 그들과 애환을 함께하면서 섬김의 리더십을 발휘할 줄 아는 인격자여야 한다.

측은지심의 지존들

세종대왕은 측은지심의 지존이라 할 수 있다. 한번은 능행을 하다가 젊은 아낙이 만삭의 몸으로 일을 하고 있는 모습을 보았다. 평범한 왕이라면 그냥 지나쳤을 것이다. 세종대왕은 아낙이 측은했다. 그는 행렬을 멈추었다. 당시 29세였던 왕은 어떻게 저런 몸으로 일을 할 수 있겠냐며 그 자리에서 산전 30일, 산후 100일 동안 쉬게 해줄 것을 명했다. 애 낳기 직전까지도 힘들게 일하고 해산 후에도 길어야 열흘 정도 쉬고 나면 다시 일을 해야 했던 시절이었다.

한마디로 파격적인 조치였다. 평소 백성을 존중하는 마음이 극진하지 않았다면 취할 수 없는 조치였다. 그로부터 4년 후에는 "아이를 낳은 산모는 중환자이니 그 남편도 휴가를 받아 산모를 간호하도록 하라"면서 남편에게도 산후휴가를 주게 했다. 부부가 합해서 130일에 이르는 긴 휴가였다. 법제화 과정을 거치면서 실제로는 80일로 줄어들긴 했지만 지금 생각해도 보통 일이 아니다.

오늘날의 에버랜드를 만들고 삼성석유화학 사장을 지낸 허태학 씨는 우리나라에서 측은지심 경영을 대표하는 사람이다. 그는 오래전 자연농원 시절 직원들을 위해 1인 1실 기숙사를 만들었다. 원가 측면에서 보면 말도 되지 않는 발상이었다. 하지만 그는 이렇게 생각했다.

'하루 종일 고객들에게 치인 직원들이 밤 시간만이라도 혼자 편하게 지낼 수 있어야 한다. 그래야 에너지를 축적하여 다음 날 다시 고객들에게 친절을 베풀 수 있다. 또 친절을 받아본 사람만이 다른 사람에게 친절을 베풀 수 있다. 회사로부터 푸대접을 받는 직원은 절대 고객에게 친절할 수 없다.'

그의 예상은 적중했고, 자연농원은 꿈과 친절의 요람으로 발전을 지속하여 세계적 테마파크인 오늘의 에버랜드가 되었다.

포스코를 만든 박태준 명예회장도 허태학 사장 못지않았다. 그는 직원들에게 최대한의 대우를 해주려고 물심양면으로 노력했다. 아무것도 없던 황량한 포구에 제철소를 짓긴 했지만 인재들을 모으려면 그들이 만족하고 지낼 수 있는 환경을 만들어야 한다고 생각했다. 그래서 가장 신경 쓴 곳이 살 집과 목욕탕, 그리고 교육시설이었다. '일을 마치고 나면 몸을 깨끗이 씻고 잠이라도 편히 잘 수 있어야 한다. 그래야 다음 날 다시 일할 맛이 생긴다. 또 자녀교육 걱정도 없어야 한다. 교육 문제 때문에 기러기가 된다면 누가 오려 할 것이며, 설사 온다 해도 안정을 취하긴 어려울 것'이라고 생각한 것이다. 이러한 박태준 회장의 생각이 불모지나 다름없던 포항을 완전히 다른 세계로 탈바꿈시켰다. 지금의 포항을 가보면 도시 전체가 활력이 넘치고 최고의 학교가 즐비하다. 포스텍(옛 포항공과대학)은 국내 최고의 대학이라는 평가와 함께 아시아에서도 손꼽히는 대학이 되었다. 사람을 우선시하는 박 회장의 측은지심이 오늘의 포스코를 만든 것이다.

가까운 주변을 주의 깊게 살피는 사람이라야 사람을 존중하고 보살필 줄 알게 된다. 나이가 들었어도 전철이나 버스에서 공부에 지친 아이들에게 자리를 양보하게 된다. 집 안에 틀어박혀 살림만 하는 아내를 진정으로 안타까워하게 된다. 가난한 형제를 볼 때마다 뭐라도 도와줄 것이 없을까 고민하게 된다. 월급 적은 직원을 위해 기회가 될 때마다 밥을 사게 된다. 작은 것에 대한 관심이 자신보다는 다른 사람에게로 시야를 돌리게 만든다.

우리는 살면서 알게 모르게 크고 작은 상처를 주기도 하고 받기도 한다. 그 상처의 절반은 자신만 중요하다고 생각하는 사람에 의해 만들어진다. 반대로 측은지심이 있는 사람들은 조직과 사회를 따뜻하고 위대하게 만든다.

5

사소함이 위대함을 만든다

결정적 1% 완성하기

당신이 생각하는 멋진 삶은?

'최고의 나'로 만들어주는 '공부'

올해 나는 60살이 되었다. 50대와 60대는 느낌이 전혀 다르다. 50이란 숫자에서는 중년, 나이는 들었지만 아직은 현역이란 느낌이 난다. 60이란 숫자에서는 은퇴, 노인이란 기분을 지울 수 없다. 그래서 주변 사람들은 나를 측은하게 보지만, 내 생각은 다르다. 나는 지금의 나이가 좋다. 젊은 시절로 돌아가고 싶은 생각이 추호도 없다. 오히려 젊은이들이 측은해 보인다. 우리 때보다 공부하는 것이 만만치 않고, 취직하기도 하늘의 별 따기처럼 어렵다. 취업을 한다 해도 돈 모으기가 쉽지 않다. 평생 벌어도 아파트 한 채 사기가 힘들다. 그렇지만 나는 지금의 행복이 젊은 시절의 땀과 노력의 결실이라는 사실을 잘 알고 있다.

나이가 든다고 갑자기 삶의 질이 올라가는 것은 아니다. 나이를 먹었다고 갑자기 지혜가 생기고 깨달음이 얻어지는 것도 아니다. 사실 삶이란 과정 자체가 배움이고 깨달음이고 수련의 연속이다. 나이 들어 잘 살기 위해서는 젊은 시절부터 어떻게 사는 것이 잘 사는 것인지를 생각하고 정의해야 한다. 그에 따른 준비를 하고 좋은 습관을 만들어야 한다. 지인들과 좋은 관계를 유지하는 훈련도 해야 한다.

인생에는 정답이 없다. 어떻게 사는 것이 잘 사는 것인지에 대한 주어진 해답은 없다. 그런데 삶의 품질을 높이기 위한 방도는 있다. 내가 어떤 사람인지를 알고 거기에 맞춘 삶을 사는 것이다. 인생 최고의 비극은 자기 인생이 아닌 남의 인생을 사는 것이다. 자신이 하고 싶은 일은 놔두고 부모님이 원하는 일, 배우자가 바라는 일, 먹고 살기 위한 일에 모든 시간을 쓰는 인생이다.

나는 대기업 임원을 그만둘 때까지 내게 맞는 삶을 생각하지 못했다. 그러다가 회사를 떠나기로 마음먹고 나서 내가 어떤 사람인지, 어떤 일을 하고 싶은지에 대해 깊이 생각하고 새로운 분야에 도전했다. 인생에서 내가 가장 잘한 선택이었다. 생각해보니 나는 조직에 맞지 않는 사람이었다. 성격이 급하고 틀에 짜인 생활을 못 견뎌 했다. 내게는 자유가 가장 소중한 가치였던 것이다.

진정으로 내가 원하는 것을 공부하는 즐거움

행복한 인생이란 내가 주인인 인생이다. 내 성향을 알고 성향에 맞는 일을 하는 삶이다. 당신이 생각하는 멋진 삶은 어떤 삶인가? 1년 내내 여행을 하고, 골프를 치고, 맛난 음식을 먹으며 유유자적하는 삶을 연상하는가? 나는 동의하지 않는다. 행복한 삶이란 일이 있는 삶이다. 아침에 일어나 할 일이 없는 삶은 생각만 해도 끔찍하다. 노는 것도 일하는 틈틈이 놀아야 맛이 난다. 1년 365일 논다고 하면 노는 것이 아니라 그 자체로 고문일 것이다. 나는 내 일을 좋아하고 사랑한다. 나는 책을 쓰는 사람이다. 1년에 서너 권의 책을 쓴다. 나는 강연을 하는 사람이다. 한 달에 반 이상은 다양한 주제로 기업이나 단체에서 강연을 한다. 나는 컨설턴트다. 여러 기업을 자문하고 컨설팅한다. 또한 나는 코치다. 대기업 임원, 중소기업 사장을 대상으로 코칭을 많이 한다. 책을 쓰고, 강연을 하고, 컨설팅을 하고, 코칭을 하면서 나는 자부심을 느낀다. 일을 하면서 깊은 충만함을 느낀다.

무엇보다 공부할 때 큰 행복감을 느낀다. 예전엔 그렇지 않았다. 그때의 공부는 내가 원해서 하는 공부가 아니었다. 대학을 가기 위한 공부, 시험을 위한 공부, 자격증을 따기 위한 공부였다. 대부분 생계와 직결된 공부였다. 지금은 아니다. 아무도 시키지 않는다. 내가 안 하면 그만이다. 진정으로 원하는 공부를 하고 있다.

공부의 주제는 그때그때 달라지는데, 요즘 주제는 3가지다. 몸, 불교, 어원이 그것이다. 몸은 나이가 들면서 자연스럽게 관심을 가질 수밖에 없는 주제가 된다. 여기저기 고장이 나기 시작하기 때문이다. 몸에 이상이 오는 것은 지금부터라도 관심을 가지라는 시그널이다. 이 시그널을 읽고 2년 전부터 몸에 관한 공부를 했다. 공부한 결과를 실천하기 위해 헬스를 열심히 했고, 그 결과 몸을 변화시키는 데 성공했다. 그 과정을 《몸이 먼저다》란 책에 담았고, 그 책은 베스트셀러가 되었다. 그 과정에서 깊은 충만감을 느꼈다. 몸이 좋아지면서 얻어지는 만족감은 말로 표현하기 어렵다. 힘든 근육운동을 마치고 샤워를 하고 난 다음 걸을 때의 기분은 세상을 다 얻은 것 같은 만족감이다. 머리로만 알고 있던 지식을 내 몸에 적용하여 변화를 이끌어내고 그 과정을 책으로 쓰는 것도 가치 있는 일이다. 내 책을 읽고 많은 사람들이 운동을 시작했고, 고맙다는 인사를 전해온다. 같은 주제로 강연을 하면서 더욱 몸에 관심을 갖게 되니 이 또한 행복한 일이다.

다음은 불교다. 나는 신자는 아니지만 언제부턴가 불교 교리에 관심을 갖게 되었다. 불교로 박사학위를 받은 지인이 있어 2주일에 한 번씩 대여섯 명이 모여 관련 책을 읽고 토론을 한다. 새로운 깨달음을 얻는 것도 기쁜 일이지만, 각자의 경험을 공유하는 것도 유쾌한 일이다.

어원은 우연한 기회에 관심을 갖게 되었다. 영어학원 원장을 하는 부부와 식사를 하는데, 갑자기 'problem'의 어원을 물어보는 것이다. 당연히 몰랐다. 알고 보니 '앞으로 던지다'가 어원이란다. 문제는 앞으로 던져야 해결이 되기 때문이란 것이다. 갑자기 앞이 훤해지는 느낌이었다. 말이 만들어진 근원을 알면 더 깊은 지혜를 얻을 수 있겠다는 생각이 들었다. 그때부터 관련 책을 사고, 기회 있을 때마다 사람들에게 어원을 물었다. 이제는 제법 자료가 쌓여 어원 관련 책을 쓸 정도가 되었다.

당신의 불행은 언젠가 잘못 쓴 시간의 복수다. 엉뚱한 곳에 시간을 낭비하면 인생이 뒤틀린다. 그런 면에서 시간은 목숨과도 같다. 나이가 들면 가장 좋은 점이 시간이 많아진다는 것이다. 회사에 가지 않아도 되고, 애를 볼 필요도 없고, 자격증을 따기 위해 애를 쓰지 않아도 된다. 자칫하면 지루한 인생이 되기 쉽다. 차고 넘치는 시간을 환상적으로 바꾸는 최선의 방법은 공부다. 먹고 살기 위한 공부가 아니라 관심이 가는 분야를 택해 책을 읽고, 경험하고, 글을 써보는 것이다. 공통 관심사를 가진 사람들과 수시로 만나 서로가 배우고 생각한 것을 나눠보는 것이다. 그러다 보면 실력도 늘고 시야도 넓어지고 사람들과의 친밀감도 깊어진다.

　누구나 부자가 될 수는 없다. 모든 사람이 건강할 수도 없다. 하지만 공부는 원하면 누구나 할 수 있다. 글도 마음만 먹으면 누구나 쓸 수 있다. 그래서 나는 지금의 내가 참 좋다.

청소하는 아줌마의 이름은?

성공의 출발 '관심'

사랑은 저절로 이루어지지 않는다. 강요한다고 되는 것도 아니다. 일류의 조건인 디테일도 마찬가지다. 디테일에 강해지기 위해서는 일을 제대로 잘하고 싶다는 욕구가 전제되어야 한다.

주의력이 부족한 사람은 관목이 우거진 숲 속에서도 땔감을 찾아내지 못한다. 일하는 사람도 다르지 않다. 정신을 쏟고 시간을 들이면 누구나 찾을 수 있는 기술이나 지혜도 스스로 계발하지 않으면 자기 것으로 만들 수 없다. 끊임없는 관심과 의문, 호기심으로 모자라는 것을 더하고 새롭게 바꾸려는 노력을 기울여야 한다. 왜 그렇지? 왜 안 되지? 더 빨리 더 잘하는 방법은 없을까? 어떻게 하면 더 좋은 결과를 낳을 수 있을까? 내가 고객이라면 어떤 생각이 들까? 이렇게 늘 생각하고 마지막 1%까지 최선을 다하는 태도를 견지하는 사람만이 진정한 일류가 될 수 있다.

글로벌 기업인 비브라운의 아시아태평양지역 회장은 한국인 김해동이다. 그는 한국지사를 성공적으로 경영하여 회장으로 승진했다. 그가 '3년 안에 매출을 2배 올리자(Double in Three)'라는 비전을 제시했을 때 처음에는 다들 긴가민가 의심했지만 오히려 1년 앞당겨 실현함으로써 주위 사람들을 놀라게 하기도 했다.

그는 성공 비결로 단연 '관심'을 꼽는다. 회사에서 성공하려면 자신이 하는 일에 관심을 가져야 한다는 것이다. 관심이 있으면 참여하게 되고 일에 몰입하게 된다는 것이다. 몰입하면 일을 잘하게 되고, 자연 경쟁력이 높아진다. 고객으로부터 신뢰를 얻게 되고 주변의 인정을 받게 된다. 그러면 일이 더욱 즐거워지고 열정이 생긴다. 즐거움과 열정은 기분 좋은 성과로 나타나고, 성과는 다시 또 다른 관심으로 이어진다. 그야말로 관심에서 비롯되는 선순환 사이클이다. 구구절절 맞는 말이다.

다음은 어느 노련한 간호사의 이야기다.

간호학교를 다닌 지 두 달이 되었습니다. 교수님께서 퀴즈를 냈습니다. 나는 거침없이 문제를 풀었지요. 그런데 "학교를 청소하는 아줌마의 이름이 무엇인가?"라는 마지막 질문에서 걸리고 말았지요.

'농담이겠지!'

저는 여러 번 그녀를 보았습니다. 50대 중반에 키가 크고 검은 머리의 여자였지요. 그러나 제가 어떻게 그녀의 이름을 알 수 있습니까? 당연히 마지막 질문은 빈칸으로 남겼지요. 시험이 끝나기 전 한 학생이 "마지막 문제도 점수에 포함됩니까?"라는 질문을 했습니다. 그러자 교수님이 이렇게 말했습니다.

"당연하지, 네 인생에서 수많은 사람을 만나게 될 것이고, 그들은 모두 중요한 사람들이지. 그들은 모두 관심의 대상이고 돌봄을 필요로 한단다. 네가 할 수 있는 일이 그저 미소를 짓는 것이라 할지라도…"

나는 그 짧은 인생수업을 절대 잊을 수가 없습니다. 그녀의 이름은 도로시였습니다.

호기심과 관심은 모든 것의 출발점

본다고 다 보는 게 아니다. 듣는다고 다 듣는 것도 아니다. 관심을 가져야 보고 듣고 알게 된다. 하지만 많은 현대인의 행동철학은 이렇다.

'나와 관련된 것 외에는 아무 관심을 갖지 말 것. 특히 공공장소에서는 아무 표정도 짓지 말고 입을 꼭 다물고 있을 것. 화난 사람처럼 하고 있을 것.'

사람들은 돈 아끼듯 관심을 아낀다. 그리고 아주 심각한 일, 중요한 일이 생길 때만 조금씩 관심을 보인다. 실제로 길에서 마주치는 사람들을 떠올려보라. 정말 무표정하다. 음식점, 지하철, 은행, 슈퍼마켓, 길거리에서 만나는 사람들의 얼굴은 무관심 그 자체다. '나한테 절대 말 걸지 마시오. 접근하면 발포합니다'라고 쓰여 있는 것 같다.

사람들이 이렇게 행동하는 것은 원래 그렇게 태어났기 때문이 아니다. 부딪히는 일과 사람마다 관심을 보이고 감정을 나누어주다가는 감당이 안 되기 때문이다. 무관심은 한편으로 자기 보호의 기제이기도 하다. 괜한 관심으로 상처를 받을까 두려워 무관심이란 갑옷으로 중무장을 하는 것이다.

복잡하고 빠르게 변하는 시대를 살아가는 현대인에게 무관심은 얼핏 똑똑한 행동처럼 비친다. 안 그러면 도저히 살아낼 수 없을 것만 같다. 하지만 이것은 하나만 알고 둘은 모르는 어리석은 행동이다. 무관심과 무표정이 자신을 보호하는 기제로 작용할 수 있다고 하더라도 그건 잠시뿐이다. 결국 돌아오는 것은 세상과의 단절이다. 내가 마음을 열고 관심을 가질 때 새로운 관계와 정보가 들어온다. 내가 그에게 관심을 가질 때 그도 내게 관심을 보인다.

관심의 출발점은 '디테일'이다. 아주 대수롭지 않은 관심일지라도 길을 가다가 혹은 차 안에서 만난 사람이 처한 딱한 상황을 그냥 지나치지 않는 것이다. 말을 건네고 손길을 내밀어보라. 그 작은 행위가 막혀 있던 관계의 벽에 구멍을 내고 숨통을 틔워줄 것이다.

무거운 가방을 들고 있는 여인네를 보면 나는 기꺼이 도와준다. 혹시 작업을 건다는 오해를 좀 받으면 어떤가. 어린아이가 울고 있으면 무릎을 굽히고 왜 우는지, 아저씨가 도와줄 일은 없는지 물어본다. 유괴범으로 오인받는다고 그것이 뭐 대수인가. 관심을 갖고 친절을 베푸는 것은 그 자체로 내게 큰 기쁨을 준다. 정말 잘했다고, 다음에도 또 그렇게 하겠다고 생각하게 된다. 내가 주변에 관심을 가져야 주변도 내게 관심을 갖는다.

호기심과 관심은 모든 것의 출발점이다. 집을 사려는 사람에게는 부동산 정보가 들어오고 사랑하는 사람이 생기면 그 사람에 대해 알고 싶어진다. 회사 일에 관심을 갖게 되면 열정이 생기고 열심히 하게 되고 성과가 나고 칭찬을 받게 된다.

일에 대한 관심, 삶에 대한 관심, 사람에 대한 관심이 있으면 무엇이든 할 수 있다.

사진을 보고 제일모직 주식을 샀어요

모든 지식의 기초 '관찰'

신문에 난 이건희 삼성 회장의 사진을 보고 주식에 투자해 대박을 낸 사람의 이야기를 들은 적이 있다. 내용은 이랬다.

"이건희 회장이 두 딸의 손을 잡고 공항에 서 있는 겁니다. 본능적으로 딸들에게 힘을 실어주겠다는 생각이 들었지요. 그래서 딸들 지분이 높은 제일모직 등의 주식을 샀습니다. 예상대로 주가가 마구 뛰더군요."

참으로 그럴듯한 추리다.

자신의 기업을 탄탄한 중견 기업으로 성장시킨 분이 있다. 그는 일반 전자제품을 팔던 사람이었는데, 86아시안게임과 88올림픽을 계기로 큰돈을 벌어 지금의 기업을 일구었단다. 내용은 이랬다.

"1981년엔가 바덴바덴에서 88서울올림픽 개최가 결정되는 뉴스를 봤습니다. 올림픽이 열리려면 나라 전체가 밝아져야겠다고 생각했지요. 그동안은 너무 어두웠거든요. 저는 특수조명을 전문으로 하는 글로벌 기업에 국내 판매권을 달라는 편지를 쓰고 돈도 보냈지요. 그들 입장에서 한국에는 아예 시장이 없었거든요. 판매권을 얻은 얼마 후부터 정부 등에서 엄청난 물량을 주문받으면서 큰돈을 벌게 되었습니다."

한국의 금융업은 좀처럼 일취월장을 하지 못하고 있다. 오래전부터 금융의 중요성을 강조했지만 혁신의 실마리를 잡지 못하고 있다. 고객들 입장에서는 어느 은행이나 다 비슷비슷하다. 뚜렷한 차이점을 발견할 수 없다. 이럴 때 돌파구를 찾는 방법 중 하나는 시장의 변화, 고객의 변화를 관찰하는 것이다.

"관찰력을 갖고 보면 각 시기마다 시장을 이끌고 가는 트렌드가 보여요. 그것을 얼마나 빨리 정확하게 포착하느냐가 관건입니다. 그 관찰력은 독서로부터 나오죠, 현상 너머에 있는 미래의 진실을 감지할 수 있는 직관력이야말로 경영인이 갖춰야 할 최고의 자질입니다."

박현주 미래에셋 회장의 말이다.

성공하는 사람들의 습성

　부자들은 대개 조용히 관찰하는 습성을 갖고 있다. 관찰은 무질서에서 질서를 찾아내는 것이다. 견(見)과 관(觀)은 다르다. 눈 목(目)에 사람 인(人)이 더해진 견(見)은 본다는 뜻이다. 보이는 것을 보는 것이다. 관(觀)은 황새를 뜻하는 관(雚)에 견(見)을 합한 글자다. 관(雚)은 새를 가리키는 추(隹) 위에 도가머리(새의 머리에 길고 더부룩하게 난 털)와 두 눈이 있다. 황새처럼 예민하게 본다는 뜻이다. 여기에 빠짐없이 생각하여 살핀다는 찰(察)이 결합해서 관찰(觀察)이 되었다. 견이 그저 보이는 것을 보는 것이라면, 관찰은 보는 것에서 뭔가를 찾아내는 것이다. 기회를 포착하는 것이다.

　모든 것은 관찰에서 출발한다. 사소한 시그널에서 뭔가 실마리를 찾아야 한다. 월드컵 4강 신화를 이룬 히딩크 감독이 한국에 처음 와서 한 것도 바로 관찰이었다. 그는 이렇게 말했다.

　"개인기는 좋은데 체력이 문제다."

　그의 말은 곧 화제를 불러왔다. 그동안은 반대로 생각했기 때문이다. 체력과 정신력은 강한데 개인기가 문제라고 여겼다. 하지만 히딩크의 관찰 결과가 옳았다. 그동안 우리 선수들은 후반으로 가면서 체력이 떨어져 다 이긴 경기를 내주는 경우가 흔했다. 그래서 체력을 보강한 결과, 월드컵 4강의 꿈을 이룰 수 있었다.

맨체스터유나이티드의 주축인 라이언 긱스는 한동안 왼쪽 허벅지 근육통으로 고생했다. 다친 적이 없는데 어찌 된 일일까? 의료진이 긱스의 생활을 다각도로 관찰했다. 그 결과, 통증의 원인이 새로 구입한 자동차 때문임을 알아냈다. 수동변속기를 장착한 애스턴마틴을 사서 몸에 익히는 과정에서 계속 클러치를 밟으며 변속을 하는 바람에 왼쪽 다리에 무리가 왔던 것이다. 의료진은 자동변속기로 바꾸라는 처방을 내렸고, 긱스의 근육통은 씻은 듯이 나았다.

닌텐도 위(Wii)의 성공도 관찰력 덕택이다. 이 회사는 소니와 X박스가 버린 시장을 관찰했다. 이를 통해 게임에 서툰 주부들이나 아버지들에겐 게임이 그림의 떡이며 이를 사용하는 아이들은 내내 부모의 눈총을 받는다는 사실을 알아냈다. 이들을 어떻게 끌어들일까를 생각해서 만든 것이 바로 위였다.

세상의 모든 혁신은 관찰에서 출발한다. 고수와 하수의 차이도 관찰에 있다. 같은 것을 보지만 어떤 사람은 보고 어떤 사람은 보지 못한다. 창조는 통찰에서, 통찰은 관찰에서 비롯된다. 위대한 통찰은 세속적인 것의 장엄함, 즉 모든 사물에 깃들어 있는 놀랍고도 의미심장한 아름다움을 감지하는 능력에 달려 있다.

관찰의 결과를 좌우하는 것

교육의 아버지 페스탈로치는 감각의 중요성을 강조했다. 사물을 이해하기 위해서는 다양한 각도에서 만지고 냄새 맡고 맛보고 들어야 한다는 것이다. 그가 한 말이다.

"관찰은 감각기관을 통해 이해를 구현하는 것이며, 이것이야말로 모든 지식의 절대적 기초가 된다."

관찰은 몸으로 느끼는 모든 것이다. 관찰은 눈과 내면의 상호작용이다. 눈앞에 보이는 대상과 보는 이의 내면의 안테나가 상호작용하는 것을 말한다. 내면의 안테나가 작용할 때 비로소 관찰이 완성된다. 그렇기 때문에 내면의 안테나 성능에 따라 결과가 달라진다. 적극적으로 보고 느껴야 사물을 꿰뚫어보고 그 본질을 파악하여 그 속에서 기회를 포착하거나 만들어낼 수 있다.

관찰은 준비된 우연의 결과다. 잘 관찰하려면 잘 준비되어 있어야 한다. 관찰은 보는 순간만 중요한 게 아니라 관찰 시스템이 제대로 연동하는가, 내면의 안테나가 예민하게 작용하는가에 따라 성과가 결정된다. 무엇보다 개인의 소스(source)가 어떠한가에 따라 관찰 결과가 결정되고 창의력에도 차이가 난다. 그렇기 때문에 관찰력을 높이려면 당신의 소스를 매니지먼트해야 한다. 내면에 지식과 정보와 경험과 사유와 통찰의 데이터베이스가 나름대로의 체계를 갖고 저장되어 있어야 한다. 우연을 기적으로 낚아챈 루이 파스퇴르는 "행운은 마음의 준비가 되어 있는 사람에게만 미소 짓는다"라고 했다.

효과적인 관찰 습관

몇 가지 관찰 습관을 살펴보자.

첫째, 본질을 들여다보아야 한다. 창의성은 본질을 재정의하고 연결하는 것이다. 동물원의 혁신을 이룩한 일본 아사히야마 동물원이 대표적이다. 일반 동물원은 동물들을 단순히 우리 안에 가두어 두고 사람들이 바라만 보게 했다. 이곳은 동물원의 본질을 다르게 생각했다. 동물들의 행동과 능력 전시를 목표로 삼았다. 동물들이 야성의 기질을 최대한 발휘할 수 있도록 프로그램을 만들었고, 관객들이 동물을 여러 각도에서 볼 수 있게 했다. 아래에서, 가까이에서, 위에서….

둘째, 쪼개고 분석하여 섬세하게 보아야 한다. 기회는 전혀 예측하지 못한 곳에 있다. 야마하피아노는 누가 치더라도 편하고 즐거운 피아노를 만들겠다는 목표를 세웠다. 그래서 나온 것이 디지털 피아노다. 캐딜락이 흑인에게 자동차를 팔기 시작한 것도 새로운 고객을 인식한 결과다. 이를 위해서는 평범한 일상을 돋보기로 보듯이 하고 복어회처럼 얇게 뜰 수 있어야 한다. 데생을 배우면 이러한 능력을 키울 수 있다. 데생은 아무런 재능이 없는 사람도 연습할 만한 가치가 있는데, 보는 법을 가르쳐주기 때문이다.

사소할수록 눈여겨봐야 한다. 세상의 모든 것은 해석이 가능하며, 그러한 해석을 위한 단서 또한 언제나 존재한다. 단서를 발견할 수 있느냐 없느냐는 아무리 작은 것이라도 그것을 제대로 볼 수 있느냐 없느냐에 달려 있다. 환자를 제대로 진단하려면 환자가 말하는 증세와 그가 보이는 외적 상태를 세심하게 관찰하는 것이 중요하다. 당연한 것도 의심해야 한다. 프랑스 군인이 이집트에서 담을 허물다가 고대 이집트문자 해독의 열쇠인 로제타석을 발견한 것도, 의사인 알렉산더 플레밍이 박테리아가 든 페트리샬레(주로 세균을 배양하는 데 쓰이는, 유리로 만든 납작한 원통형 용기)를 깜박 잊고 책상 위에 두었다가 푸른곰팡이를 관찰하고 페니실린을 발명한 것도 모두 세심한 관찰에서 비롯되었다. 단서는 사소한 곳에 있다. 중요한 것일수록 중요하지 않은 곳에 있다.

셋째, 밀착해서 보아야 한다. P&G는 고객을 이해하기 위해 접촉유지(staying in touch) 프로그램을 실행했다. 직원들이 주기적으로 고객들의 생활양식과 구매 패턴을 몸소 체험하게 하는 것이다. 고객의 가정에서 며칠 동안 함께 생활하기도 하고, 할인점에서 쇼핑도 하면서 그들의 행동양식을 살핀다. 수잔 아놀드 부회장은 일반 고객의 2주일 생활비로 똑같이 살면서 불편 사항을 찾아내 리필용 제품의 매출을 끌어올리는 실마리로 삼았다. 하지만 보이는 대로만 믿어서는 안 된다. 〈마리안느〉라는 여성 잡지는 창간 전 시장조사를 통해 고객들이 3무(無) 잡지를 원한다는 것을 알아냈다. 섹스와 스캔들, 가십이 없는 잡지였다. 하지만 결과는 참패였다. 17호를 끝으로 부도가 나고 폐간되었다. 어떤 리서치 보고서도 액면 그대로 받아들여서는 안 된다.

넷째, 상상의 눈으로 보아야 한다. 냉장고와 에어컨은 가구와 다름없이 집안 분위기에 큰 영향을 미친다. 그것을 상상의 눈으로 볼 줄 알았던 가전회사는 컬러와 디자인을 혁신한 가전제품을 선보였고, 소비자들의 큰 호응을 이끌어낼 수 있었다.

상상의 눈은 세계적인 CEO를 발굴하기도 한다. 헤드헌팅업체 하이드릭앤스트러글의 게리 로셰는 IBM에 추천할 사람을 찾던 중 루이스 거스너를 만났다. 루이스 거스너는 맥킨지컨설팅의 최연소 이사로 재직했고, 순손실 11억 달러로 파산 직전인 나비스코를 3년 만에 흑자로 전환시킨 주인공이다. 하지만 IBM의 적임자는 아니라는 평을 받았다. 게리 로셰는 천둥번개가 치는 골프장에서 다른 사람들이 법석을 떠는 동안에도 제자리에서 꿈쩍도 않고 앉아 있는 루이스 거스너를 보고는 그런 대담함이라면 수렁에 빠진 IBM을 회생시킬 수 있다고 판단, 그를 전격 추천함으로써 IBM의 신화를 쓸 수 있게 했다.

닛산디자인센터 사장 제리 허시버그는 어느 날 고속도로를 달리다가 길가에서 젊은 커플이 미니밴의 뒷좌석을 빼내고 소파를 실으려 애쓰는 장면을 목격한다. 그 순간 뒷좌석을 접어서 밀면 화물칸이 만들어지는 승용차를 떠올리고, 실제로 그런 차를 만들어 시장에서 호평을 받았다.

상상의 눈으로 보는 것과 함께 소비자의 느낌도 주시해야 한다. 협심증 치료제를 개발하던 화이자가 그랬다. 개발팀은 임상실험에 참가한 중년 남성들이 약의 부작용에 따른 느낌을 토로하는 것을 그냥 지나치지 않았다. 뭔지 모르지만 성 기능이 아주 좋아졌다는 말을 듣고 원인을 추적한 결과, 협심증 치료제인 실데나필이 심장으로 통하는 혈관을 확장시킬 뿐만 아니라 성기의 혈관도 확장시켜 발기를 지속시키는 '부작용'을 일으킨다는 사실을 알아냈다. 그렇게 탄생한 것이 바로 비아그라다. 10년 동안 무려 18억 정이 팔렸다. 부작용을 무시했다면 절대 세상에 나오지 못했을 제품이다.

다섯째, 보이는 것 너머를 보아야 한다. 고급 레스토랑에서 점심을 먹고 난 프랭크 맥나마라는 집에다 지갑을 두고 왔음을 알아차

린다. 당시만 해도 결제 수단은 현금이나 수표뿐이었다. 그는 아내에게 전화를 걸어 돈을 갖고 나오게 하고 기다리는 동안 곰곰이 생각한다.

'어떻게 하면 이런 불편을 없앨 수 있을까? 구매자가 물건을 사고 카드를 제시하면 판매자가 구매 내역을 모아두었다가 한꺼번에 돈을 받게 하면 어떨까?'

그래서 탄생한 것이 다이너스카드다. 처음에는 맨해튼의 부자들에게 카드를 나누어주고 14곳의 고급 레스토랑에서 결제할 수 있게 했다.

관찰력 높이기

관찰력을 높이기 위해서는 새의 눈으로 전체를 볼 수 있어야 한다. 곤충의 눈으로 현장을 세심하게 보아야 한다. 물고기의 눈으로 전후좌우의 흐름을 예의주시해야 한다. 또한 오감을 총동원할 수 있어야 한다. 루치아노 파바로티는 피아노 앞에서 노래를 부르기보다 머릿속으로 음악 그리기를 즐겼다. 레오나르도 다빈치는 산이나 강, 바위를 바라보면서 전투 장면이나 기이한 얼굴을 연상하곤 했다. 화가 모리츠 에셔는 구름이나 나뭇결처럼 겉보기에 무질서한 형상 속에서 동물 모양을 즐겨 찾아내곤 했다.

무심코 지나치기 쉬운 일상의 관찰도 중요하다. 손주은 메가스터디 회장은 TV홈쇼핑 프로그램을 보다가 문득 '세상이 이렇게 변하는구나' 하는 생각이 들었고 그 길로 온라인학원에 발을 들여놓았다. 균형이론으로 노벨경제학상을 받은 존 내시는 술집에서 금발의 미녀를 사이에 두고 서로 경쟁하는 친구들을 보고 힌트를 얻어 자신의 이론을 만들었다. 1999년 한국을 방문한 투자가 짐 로저스는 여성들의 옷차림이 눈에 띄게 자유분방해졌다는 사실을 알아채고 피임약업체에 투자하여 6년 만에 15배의 수익을 거두었다. 2000년 P&G의 CEO로 부임한 앨런 래플리는 이렇게 말했다.

"인생을 가장 성공적으로 살아가는 원칙은 여자들이 무엇을 원하는지 알아내어 그것을 주는 것이다. 35년간 내 결혼생활도 그랬고 내 사업도 그랬다."

패턴을 읽는 것도 중요하다. 도요새는 지렁이를 잡기 위해 땅을 부리로 치고 다닌다. 그 소리를 들은 지렁이는 비가 오는 줄 알고 밖으로 나온다. 지렁이의 행동 패턴을 파악한 도요새의 전략이다.

KBS는 처음에 송신탑을 설치할 때 위치 선정 때문에 고민이 많았다. 할 수 없이 일본 전문가들을 불렀다. 하지만 그들은 일할 생각은 하지 않고 놀기만 했다. 그런데 마지막 날 기가 막힌 결과를 내놓았다. 송신탑을 설치할 곳으로 조선시대에 봉화대가 있었던 지점을 제안한 것이다. 전쟁 같은 비상사태에 긴급한 신호를 전달하기 위해 조선은 국가의 모든 역량을 봉화대 위치 선정에 쏟았을 것이다. 일본 전문가들은 이 점에 착안하여 크게 애쓰지 않고 거액의 돈을 벌 수 있었다.

알면 쉽다. 모르면 어렵다. 패턴은 어떤 사물이나 현상이 나타내는 일정한 규칙이다. 이를 읽어내려면 보이는 면에서 보이지 않는 본질을 보려는 노력을 지속해야 한다.

관찰력을 키우려면 무엇보다 호기심이 있어야 한다. 특정 대상에 대한 호기심과 물음표가 관찰로 이끌고, 이것이 창조와 혁신의 출발점이 된다. 성공한 사람은 궁금한 것을 못 참는다. 어디에 가든 물어보고, 들춰보고, 만져보고, 씹어보고, 확인을 해야 직성이 풀린다.

일로서 하는 관찰은 지루하다. 제대로 된 관찰은 끈기 있게 지켜보되 결과에 집착하지 않는 것이다. 관찰 자체를 놀이처럼 즐기는 것이다. 이러한 관찰이 새로운 돌파구를 열어줄 것이다.

무슨 일을 하든 제비가 집을 짓듯

완벽을 만드는 '체크리스트'

모 대학에서 1억 원이 넘는 돈을 투자해 멋진 강의실을 마련했다. 유리 칠판, 계단식 좌석, 호사스러운 내장… 무엇 하나 빠지는 게 없었다. 단 한 가지만 빼고. 삐거덕대는 의자 소리 때문에 앉아 있기가 불편했다. 한두 개만 그런 것이 아니고 의자 대부분이 그랬다. 의자 자체는 외국의 유명 가구회사에서 수입한 고급 제품이었는데, 설치와 사후관리 잘못 때문인지 귀에 거슬리는 소리가 났다. 강의하는 사람이나 강의를 듣는 사람이나 소음 때문에 집중하기가 어려웠다. 윤활제를 한 번씩만 뿌려주어도 괜찮아질 법한데, 그 간단한 조치조차 취해지지 않았다.

이와 비슷한 일은 어느 5성급 호텔에서도 있었다. 내부 조명이나 시설은 흠잡을 데 없이 고급스러웠다. 내심 흡족한 마음으로 강의

실로 향했다. 강의에 필요한 화이트보드가 없는 것을 확인하고 호텔 관리인에게 가져다달라고 부탁했다. 잠시 후 가져온 화이트보드는 몹시 지저분했다. 얼마나 오랫동안 때에 절었는지 잘 닦이지도 않았다. 글씨를 쓸 때마다 삐걱삐걱, 흔들흔들. 도무지 신경이 쓰여 판서하기가 싫었다.

5성급 호텔과 삐거덕대는 화이트보드는 어울리지 않는다. 몇 푼 안 되는 화이트보드 때문에 고급 호텔의 이미지가 순식간에 추락한다. 강의를 많이 다니지만 제대로 된 화이트보드를 만나는 일은 하늘의 별 따기만큼 어렵다. 화이트보드 관리에 무슨 대단한 기술이나 비용이 들어가겠는가. 빠진 나사가 있으면 보충하고, 헐거워진 나사가 있으면 조여주기만 하면 될 텐데 말이다. 99%가 훌륭해도 마지막 1%의 문제가 해결되지 않아서 분위기를 망치고 전체를 불량한 것으로 평가하게 만든다.

한 방에 이미지를 무너뜨리는 것

혁신에 관한 책을 본 적이 있다. 내용이 전체적으로 참 괜찮다고 생각했다. 그런데 중간중간 오탈자가 너무 많다. 더 이상 읽기 싫어져서 중간에 책을 놓고 말았다. 학생들이 작성한 리포트를 채점할 때도 마찬가지다. 논점이 분명하고 글의 전개가 좋아도 오탈자가 눈에 띄면 좋은 점수를 주기 어렵다. 한두 개야 봐주겠지만 자주 튀어나오면 보기조차 싫어진다. 교수에게 제출하는 리포트와 답안 지조차 이렇듯 대충 처리하는 사람이라면 다른 것은 볼 필요도 없다. 사람들이 중요한 프레젠테이션에서 탈락하는 이유도 내용 자체보다는 불성실한 복장이나 지각, 빈번한 철자 오류 때문인 경우가 많다.

첫인상이 좋으면 뭐하겠는가. 좋은 책이라면 콘텐츠와 디자인은 물론 단어와 문장에 오류가 없어야 하고, 고급 시설이라면 비품과 소모품까지 그 이미지에 걸맞은 균일한 질을 유지해야 한다. 처음과 끝, 겉과 속이 같아야 호평을 받고 찬사가 지속될 수 있다. 그렇지 않으면 오자 하나, 의자 하나, 화이트보드 하나 때문에 전체 이미지가 한꺼번에 무너지고 만다.

끝까지 좋으려면 어떻게?

제비가 집 짓는 광경을 본 적이 있는가? 제비들이 처마 밑에 집 짓는 모습을 살펴보노라면 그 용의주도함에 놀라움을 금치 못한다. 진흙을 물어다 집을 짓는데, 굳기를 기다려 쌓는 속도를 조절한다. 진흙을 계속 쌓기만 하면 무너지기 쉬우므로 진흙이 마르기를 기다리는 것이다. 또 진흙 사이사이 지푸라기를 섞어 차곡차

곡 쌓아간다. 진흙만으로 쌓는 것보다 지푸라기를 섞어 쌓아야 집이 갈라지지 않고 튼튼하기 때문이다. 집을 짓기 시작할 때부터 완성될 때까지 제비는 한 치의 오차도 없이 같은 작업을 되풀이한다. 이렇게 해서 바람에 흔들리지 않고 습기에 허물어지지 않는 견고하고 안전한 제비집이 되는 것이다.

우리는 어떤가? 제비 같은 미물도 이럴진대 왜 우리는 '100−1=0'의 우를 여전히 범하고 있는가? 시작은 좋은데 결론이 안 좋은 이유는 무엇인가? 끝까지 좋게 만들려면 어떻게 해야 하는가?

그 해답은 현장에 있다. 주기적으로 현장을 찾아 문제점이 없는지를 살펴야 한다. 그래야 문제가 구체적으로 무엇이고 답은 어떻게 찾을지 알게 된다. 강한 회사는 경영진이 현장에서 살다시피 한다. 최대한 자주 현장에 모습을 나타낸다. 현장이 답이라는 것을 잘 알기 때문이다. 미진한 구석이 있는지 알고 싶은가? 당장 현장으로 가라.

처음부터 끝까지 좋게 만들려면 감성의 끈을 놓지 말아야 한다. 사람과 사물을 접촉하면서 섬세한 감각으로 그들이 보내는 갖가지 신호를 읽어낼 줄 알아야 한다. 어깨가 축 처진 직원을 보면 불러서 무슨 어려움이 있는지 물어보아야 한다. 삐거덕대는 의자를 보면 즉시 고칠 수 있어야 한다.

현장을 몰래 살피는 일도 필요하다. 백화점이나 은행에는 주기적으로 고객을 가장해 직원들의 서비스 상태를 살피는 사람이 있는데, 이를 '미스터리 쇼퍼(mystery shopper)'라고 부른다. 실제 고객처럼 일부러 문제를 만들고 무리한 요구도 하면서 직원들의 반응을 살핀 후 이를 경영진에 보고한다. 당연히 직원들은 긴장하면서 일하게 된다.

체크리스트도 필요하다. 웬만한 건물의 화장실에 가보면 거의 다붙어 있다. 그 안에는 소소한 항목들이 적혀 있다. 청결 상태는 괜찮은지, 휴지는 있는지, 조명기구 중 망가진 것은 없는지…. 한 번휙 둘러보는 것만으로도 충분히 파악할 수 있는 사항을 굳이 체크리스트를 붙여 확인하고 표시하도록 하는 이유가 무엇이겠는가? 아무리 머리가 좋고 감각이 있는 사람이라도 빠뜨리는 것이 있을수 있기 때문이다. 여행을 준비하든 시험에 대비하든 반드시 계획과 함께 체크리스트를 작성하라.

마지막으로, 스스로를 겸손하게 돌아보는 것이다. 혹시 처음에 비해 나빠진 점은 없는지를 생각하면 긴장하게 되고 만나는 사람에게 자주 질문을 하게 된다. 그러면 정보가 들어오고 일정 수준이상의 품질을 유지할 수 있다.

축구경기에서는 처음 5분과 끝나기 전 5분이 가장 위험하다. 시작과 끝 부분에 집중하지 않으면 경기를 지배할 수 없다. 배도 해변에서 곧잘 난파된다. 사업 역시 그렇다. 처음 시작할 무렵과 목표가 거의 달성되었을 때 실패의 위험성이 가장 크다.

처음과 끝을 똑같이 하고, 그렇게 하기 위해 끝날 때까지 긴장을 늦추지 않고 거듭거듭 점검하는 것이야말로 일류가 반드시 갖춰야 할 덕목이다.

천재 300명의 1가지 공통점

이류를 일류로 만드는 '메모'

'아침편지'로 유명한 고도원은 메모를 이렇게 정의한다.

"복잡한 머리를 비워야 창의적 아이디어가 솟아납니다. 좋은 아이디어는 어느 순간 갑자기 왔다가 순식간에 사라지는 속성이 있습니다. 생각이 떠오를 때 5초 안에 메모할 수 있는 장비를 몸에 지녀야 하는 이유가 여기 있습니다. 지식도 경험도 생각도 메모해야 자기 것이 됩니다. 메모도 기술입니다. 다시없는 지적 재산입니다. 메모를 하면 머리가 자유로워집니다. 그러나 더 중요한 것은 메모에 머물지 않고 그 메모를 활용할 줄 아는 것입니다."

역사상 천재로 불렸던 인물 300명의 일상 습관을 조사한 캐서린 콕은 그들의 공통점을 찾기로 했다. 처음에는 성격을 조사했지만 발견할 수 없었다. 습관도 그랬다. 어떤 사람은 하루 종일 일을 했지만, 어떤 사람은 한가롭게 명상에 빠져 있었다. 마침내 공통점을 한 가지 발견했는데, 바로 머릿속에 떠오르는 생각을 종이에 기록하는 습관을 갖고 있다는 점이었다.

천재나 성공한 사람은 대부분 기록의 달인이다. 단순한 사실의 기록이 아니라 자신의 생각을 나타낸 기록이다. 머릿속에 떠오른 생각을 기록하는 행위는 지성을 높이고 잠재의식을 일깨운다. 아무리 시시한 생각이라도 기록하는 습관을 가져야 한다.

잭 웰치 역시 메모를 잘하는 사람이다. 그는 냅킨에 메모하는 사람으로도 유명하다. 구조조정의 첫 신호인 '1등과 2등이 될 수 없는 사업은 포기 혹은 매각한다'는 방침도 처음에는 냅킨에 적어두었다.

이렇듯 메모 하나가 사람의 평가를 바꾸어놓기도 하고 조직 전체를 들었다 놓았다 하는 계기가 되기도 한다.

12억짜리 메모

그렇다면 메모가 왜 그렇게 중요한지, 메모를 해야만 하는 이유가 무엇인지 알아보자.

첫째, 아이디어가 떠오르는 시점과 활용 시점에 차이가 나기 때문이다. 아이디어는 순식간에 떠오른다. 유효기간이 아주 짧다. 흔적을 남겨놓지 않으면 금방 사라지거나 묻힌다. 아이디어의 대부분은 당장 사용할 수 없을 때 떠올랐다가 정작 필요할 때는 잘 생각나지 않는다. 그렇기 때문에 그때그때 기록해서 필요할 때 활용할 수 있게 해야 한다. 이것이 메모의 효용성이다.

둘째, 메모를 하면 마음의 평화를 얻을 수 있다. 아인슈타인은 사소한 일은 거의 기억하지 못했다. 집 전화번호를 전화번호부에서 찾거나 비서에게 물어보곤 했다. 답답하게 여긴 사람들이 왜 전화번호를 외우지 못하느냐고 물어보자 이렇게 대답했다.

"전 집 전화번호 같은 건 잘 기억을 안 합니다. 적어두면 쉽게 찾을 수 있는 걸 뭐하러 기억합니까."

그렇잖아도 기억해야 할 것이 많은데 굳이 전화번호까지 외워서 머릿속을 시끄럽게 할 필요가 있느냐는 말이다. 메모가 좋은 것은 마음의 평화를 주기 때문이다. 메모를 하면 잊어도 좋다. 그러면 마음의 평화가 오고 창의적인 아이디어가 샘솟는다.

인간의 뇌용량은 한정되어 있다. 천재의 뇌라고 무한정한 용량을 갖고 있는 것은 아니다. 중요한 것은 그 용량을 어디에 사용할 것이냐이다. 쓸데없는 사항을 기억하기보다는 다른 곳에 활용하는 편이 유리하다. 두뇌를 잘 활용하려면 두뇌를 저장 기능에 한정하여 사용하지 말고 창조적 기능에 사용해야 한다. 아인슈타인이 그랬던 것처럼 전화번호를 외우는 데 쓰지 말고, 과학의 역사를 새로 쓰는 연구에 몰두하는 쪽이 훨씬 더 가치 있다.

메모가 중요하다고 해서 가리지 않고 기록하는 것은 시간 낭비다. 반드시 해야 할 일, 하지 않아도 좋을 일을 구분해야 한다. 외울 필요가 없는 것을 외우려고 노력할 때 마음의 평화가 깨지듯이, 불필요한 메모는 정작 필요한 메모를 분간하기 힘들게 하여 무용지물로 만든다.

셋째, 메모하면 신뢰성이 높아진다. 메모하지 않으면 불신을 자초한다. 여러 음식을 시켰는데 받아 적지 않고 다 외운 것처럼 말했다가 나중에 엉뚱한 음식을 들고 와서 망신을 당한 어느 파스타 집 웨이터처럼 말이다. 회의를 하거나 수업을 진행할 때 노트나 메모장을 준비하지 않는 사람들은 나중에 엉뚱한 소리를 늘어놓는 경우가 많다. 그런 면에서 나는 메모하지 않는 사람은 신뢰하지 않는다. 언제까지 무엇을 하자고 결론을 냈지만 메모를 하지 않고 고개만 끄덕이는 사람은 믿을 수 없다.

넷째, 메모는 좋은 학습 수단이다. 메모는 기억의 수단인 동시에 생각을 구체화하는 학습의 수단이다. 메모는 지극히 간단한 행위지만 그 짧은 순간 우리 두뇌는 동시에 대화를 수행한다. 두뇌 활동과 가장 밀접한 신체 부위인 손과 대화하고 혀와 입이 움직인다.

베토벤은 잭 웰치 못지않게 열심히 메모를 한 사람으로 유명하다. 악상이 떠오르면 어디에나 메모를 했다. 이상한 점은 그 메모를 다시는 보지 않았다는 것이다. 궁금해진 친구가 왜 메모를 하고 다시 보지 않느냐고 묻자 이렇게 대답했다.

"메모를 하다 보면 외워지지. 다시 볼 필요성을 못 느끼거든."

천재니까 가능했을 일이다. 하지만 보통 사람도 메모를 하면서 그냥 외우게 된 경험을 누구나 갖고 있다. 영어 단어 외울 때도 머릿속에 떠올리고 연습장에 적으면서 외우지 않던가.

사람마다 외우는 법도 가지가지다. 혼자 머릿속으로만 외우는 것, 입으로 중얼거리면서 외우는 것, 입으로 중얼거리고 쓰면서 외우는 것…. 이 중 어느 것이 가장 효과적일까? 입으로 중얼거리고 펜으로 써보면서 외우는 게 가장 효과적이다. 쓰는 행위 자체가 중요한 기억 프로세스이기 때문이다.

다섯째, 메모는 반성과 예측의 좋은 수단이다. 아침에 일어나 하루 일을 계획하고 자기 전에 그날 있었던 일을 반성하는 것은 성공으로 가는 중요한 습관이다. 그냥 머릿속으로 계획하는 것과 펜으로 쓰면서 계획하는 것에는 품질에 큰 차이가 있다. 아침마다 플래너에 뭔가를 메모하다 보면 나도 모르게 새로운 아이디어가 불쑥불쑥 떠오른다. 예전에 사용했던 수첩을 다시 펼쳐보면 미루었던 일들이 기억나기도 한다. 그런 과정을 거치면서 생각이 정리된다.

부자들이 공통적으로 갖고 있는 습관 중 하나는 금전의 출납을 기록하는 것이다. 기록의 핵심은 확인, 반성, 예측이다. 기록하는 동안 수입과 지출을 확인하고 반성하고 예측하는 것이다.

메모를 하다 보면 영혼이 맑아진다. 내가 좋아하는 시간 중 하나는 아침에 일어나 어제 일을 반성하고 오늘 일을 계획할 때다. 주말 저녁에는 한 주일을 뒤돌아보고 새로운 한 주를 계획한다. 지난 한 주 동안 글은 얼마나 썼는지, 강의는 얼마나 했는지, 자문하는 데 얼마나 시간을 들였는지, 새로운 사람은 얼마나 만났는지, 책은 몇 권이나 읽었는지를 기록하는데, 그러는 사이에 영혼이 맑아지는 느낌이 든다. 그때 가슴 깊숙이 뿌듯함이 느껴지고 스스로가 대견스럽게 여겨질 때도 있다. 모두가 메모의 미덕이다.

여섯째, 메모는 돈이 된다. 이노디자인의 김영세 대표는 어느 순간 갑자기 떠오른 생각을 메모했는데, 이것이 나중에 12억짜리 디자인이 되었다고 한다. 아이디어는 아무 노력도 하지 않는데 저절로 솟아나는 게 아니다. 아이디어가 생산되기 위해서는 평소 많은 것을 저축해두어야 한다. 독서도 하고 좋은 강연도 듣고, 뭔가 머릿속에, 마음속에 저장된 지식과 경험이 있어야 한다. 그래야 누에가 자기 몸에서 실을 뽑아내어 누에고치를 만들 듯 결과물을 만들어낼 수 있다.

무딘 연필이 총명한 머리보다 낫다. 아무리 총명한 사람도 꼼꼼히 기록하는 사람은 이길 수 없다. 메모는 돈이다.

단지 메모를 안 한 것 때문에 그동안 얼마나 많은 공수표를 날렸을까? 얼마나 위대한 발견들이 머릿속을 스쳐 지나갔을까? 얼마나 많은 사람으로부터 무시를 당했을까? 메모를 잘하고 잘 활용하는 것만으로 우리의 삶은 지금보다 한 단계 업그레이드될 수 있다.

메모하는 습관이 당신을 일류로 변모시켜줄 것이다. 덩달아 당신의 꿈도 점점 현실에 가까워질 것이다.

세포가 기억하게 하라

성공의 문턱을 넘는 '시간 관리'

"사람이 성공적으로 살고 있느냐의 여부는 그 사람이 누구를 만나는지, 그 사람이 시간과 돈을 어디에 사용하는지를 보면 알 수있다."

일본의 경영 컨설턴트인 오마에 겐이치가 한 말이다. 시간은 부자건 가난한 사람이건 동등하게 주어지는 자원이다. 가불해서 사용할 수도 없고, 저축했다가 나중에 사용할 수도 없다. 그렇기 때문에 돈을 허비하는 것보다 시간을 허비하는 것이 더 소모적인 삶이다. 시간은 재생 불가능하다.

시간 관리의 중요성은 누구나 인지하고 있다. 하지만 실천하는 것은 만만치 않다. 어떻게 시간을 관리하는 것이 바람직할까? 효과적인 시간 관리의 기준은 무엇일까?

시간 관리는 목표에서 출발한다. 삶의 목표가 없는 사람에게 시간 관리는 아무 의미가 없다. 무언가 하고 싶은 일이 있어야 시간을 아끼고 효과적으로 쓰기 위해 눈을 반짝이게 된다. 하고 싶은 일도, 목표 의식도, 의욕도 없는 사람에게 시간은 성가신 존재일 뿐이다. 빨리 죽여 없애야 하는 대상이다. 그래서 '시간을 죽인다'는 표현이 존재한다. 시간을 죽이기 위해 항상 재밋거리를 찾아 불나방처럼 떠도는 사람도 있다.

목표가 이끄는 삶

시간 관리를 잘하기 위해서는 스스로 몇 가지 질문을 던져야 한다. 우선 자신의 삶을 뒤돌아보아야 한다. 이게 내가 살고 싶은 삶인가? 이렇게 살다 죽어도 억울하지 않은가? 아무 문제가 없는 사람은 그렇게 계속 살면 된다. 반대로 '정말 이렇게 살고 싶지 않다, 이렇게 살다가는 돌아버릴 것 같다, 뭔가 변화하고 싶다'는 사람은 새로운 목표를 생각하면 된다. 자기가 정말 하고 싶은 일을 찾았다면 이를 달성하기 위한 구체적 계획을 세운다. 장기 목표는 무엇이고 이를 나눈 단기 목표는 어떤 것인지, 그 목표를 달성하기 위해 올해 할 일은 무엇이고, 이번 주에 할 일은 무엇이며, 오늘 할 일은 무엇인지를 세밀하게 구분한다. 목표를 달성했을 때의 모습을 상상하는 것만으로도 가슴이 벅차고 힘이 솟구친다. 목표를 향한 절실함에서 시간 관리의 절박함이 생겨난다. 이것이 시간 관리의 전제조건이다.

설정한 목표에 따라 매일매일 할 일이 있고, 느슨하게 해서는 결코 그 일을 완수할 수 없을 때 누가 시간 관리를 하지 말라고 해도 알아서 하게 된다. 효율적으로 시간을 쓰지 않으면 결코 감당할 수 없다는 사실을 잘 알기 때문이다. 목표가 사람을 시간 관리의 달인으로 이끄는 것이다.

하지만 많은 사람들은 이 대목에서 분명치 않은 태도를 보인다. '이것은 내가 원하던 삶이 아니야'라는 생각까지는 하는데, 어떻게 살고 싶다는 목표가 없다. 당연히 시간 관리의 필요성을 절감하지 못한다. 현재 뚜렷이 할 일도 없고, 설령 일이 있다 해도 조금만 시간을 투자하면 끝낼 수 있는 일조차 하지 않는 사람에게 시간 관리는 불필요하다.

우리나라에서 바쁘기로 둘째가라면 서러울 공병호 소장의 하루하루는 철저한 목표 관리의 연속이다. 강연과 집필, 기고와 방송 출연, 경영 컨설팅과 기업 사외이사로서의 역할까지 빡빡한 일정을 빠짐없이 소화하는 것도 평소 자신의 목표를 정리하고 평가하는 습관이 몸에 배어 한 치의 오차도 없이 시간을 관리했기에 가능했다. 공 소장은 다이어리 대신 탁상용 달력과 조그만 수첩을 애용한다. 다이어리가 주로 일정 관리 위주로 만들어져 있어 장기 계획을 수립하거나 하루 일과를 잡는 등 목표 관리에는 부적합하기 때문이다. 그는 매일 새벽 3시에 일어나 하루에 해야 할 목표를 우선순위별로 정리한다. 그리고 밤 10시, 잠들기 전 하루를 어떻게 보냈는지 스스로 평가한다. 그는 외출도 강연이나 방송 출연이 있을 때만 한다. 시간이 곧 돈이기 때문에 조금의 시간도 낭비하지 않는다. 서울 시내에서 사람 한 번 만나려면 최소 3시간이 걸린다. 왕복 2시간에 미팅 1시간, 정말 비생산적이다. 그래서 그는 온라인에서 비즈니스 미팅을 끝낸다. 그의 생활 모토는 '내 생활의 모든 것을 온라인에 올린다'이다. 그래서 일상생활 대부분이 온라인에서 이루어진다. 공과금을 온라인으로 내는 것은 물론 쌀도 온라인으로 구입한다.

목표가 생활을 바꾼다. 목표가 없으면 일찍 일어날 수도, 시간을 철저하게 사용할 수도 없다. 시계만 자꾸 들여다보지 말고 지금 당장 메모장에 오늘의 목표를 적어보자.

불가사의한 삶은 어떻게 가능했을까

'목표에 따른 시간 관리' 하면 떠오르는 사람이 있다. 바로 알렉산드르 알렉산드로비치 류비셰프라는 러시아 과학자다. 과학에서의 업적보다 '시간을 정복한 남자'로 더 많이 알려진 류비셰프는 26세 때부터 자신이 보낸 시간을 기록, 분석하기 시작하여 월말과 연말에는 통계표와 그래프까지 만들었다. 곤충 그림 2점을 그리는 데 3시간 15분, 식물보호단체 회의에 참석하여 2시간 25분 등 그날 하루에 있었던 일과 소요 시간을 시시콜콜하게 기록했다. 심지어 자신의 서재에 들어와 이런저런 것을 묻는 딸과의 대화 시간도 적어 놓았다. 1972년 82세를 일기로 세상을 떠난 그는 곤충분류학과 해부학, 진화론은 물론 문학과 철학 등 다양한 학문 분야에 걸쳐 70여 권의 학술서적과 1만 2,500여 장의 연구 논문 외에도 방대한 분량의 학술자료와 소책자를 남겼다. 그렇다고 그가 개인적인 삶을 포기하며 밤낮없이 과업에만 힘을 쏟은 것은 아니다. 하루 8시간 이상씩 잠을 자고 한가로이 운동과 산책을 즐겼으며, 한 해 평균 60여 차례 공연과 전시를 관람했다. 단테와 셰익스피어의 작품을 줄줄 외고 웬만한 작가들보다 더 많은 책을 읽었다.

우리 눈에는 불가사의한 삶으로 보이는 류비셰프의 일생은 결코 시간에 대한 천재적 감각에서 비롯된 것이 아니었다. 시간이라는 한정된 자원을 각별히 소중하게 다루었기 때문이다. 1분 1초를 따져가며 시간을 온전히 자신의 일과 인생을 위한 가치를 실현하는

데 사용했기 때문이다. 한마디로 시간을 숭배한 디테일한 습관이 위대한 업적을 낳은 것이다.

태권도의 대부 이준구는 미국에서 가장 성공한 한인 중 한 사람이다. 유명한 미국인 제자를 많이 두었다. 부시 대통령, 콜린 파월 국무장관, 아널드 슈워제네거 캘리포니아 주지사, 보브 리빙스턴 하원의장, 뉴트 깅리치 하원의장, 일본의 프로레슬링 선수 안토니오 이노키 등이 태권도를 통해 알게 된 사람들이다. 태권도가 이들에게 호감을 준 이유는 한마디로 규범 때문이다. 절도 있는 행동, 어른에 대한 공경, 자신에 대한 책임감, 술과 담배와 마약을 멀리하게 해주는 힘이 태권도의 규범에서 나온다고 그들은 믿고 있다.

그는 일흔이 넘은 나이지만 젊은이 못지않은 체력을 갖고 있다. 지금도 하루에 1,000회 이상 팔굽혀펴기를 한다. 30대부터 시작해서 거의 매일 빠짐없이 두 시간씩 이런 운동을 해오고 있다. 특히 균형성, 유연성, 근육 강화에 초점을 둔다. 힘들지 않느냐는 질문에 그는 이렇게 답한다.

"규칙적인 반복이 습관이 되고, 습관이 되어야 기술이 됩니다. 반복해야 세포가 기억을 하지요. 따라서 좋은 습관, 좋은 기술이란 세포가 기억하는 것입니다."

시간 관리도 이와 같아야 한다. 처음에는 목표 설정에서 출발하지만 결국 세포가 이를 기억하게끔 해야 한다.

처음에는 마음을 먹어야만 아침 일찍 일어나 책을 읽을 수 있다. 하지만 세포가 기억하면 새벽에 저절로 눈이 떠지고 자연스럽게 책상에 앉게 된다. 그렇게 되면 이미 당신은 성공한 인생의 길로 들어선 셈이다.

6

정상을 어떻게 지킬 것인가

—

지속 성공의 비밀

좋은 것은 위대한 것의 적

날로 발전하려면

주어진 환경에서 편안하게 살았는데 성공한 사람을 본 적이 있는가? 새로운 일에 한 번도 도전한 적이 없는데 날로 역량이 발전한 사람이 있는가? 인류 역사는 도전과 응전의 역사다. 개인도 마찬가지다. 사람은 도전을 통해 발전한다.

"좋은 것은 위대한 것의 적이다."

《좋은 기업을 넘어 위대한 기업으로》의 저자 짐 콜린스의 이야기다. 좋다고 그 자리에 안주하면 더 이상의 발전은 없다. 성공한 사람들은 도전을 두려워하지 않는다. 그 자리에서 안주해도 사는 데 지장이 없었지만 안주하지 않고 끊임없이 변화하고 도전한 사람들이다.

사람들은 편안하고 아무 일 없기를 바란다. 그러면서 동시에 풍요롭고 자유롭고 행복하기를 원한다. 하지만 세상에 그런 일은 있을 수 없다. 무사함이란 미신일 뿐이다. 인생이란 모험을 무릅쓰지 않으면 아무것도 얻을 수 없다. 새로운 일에 도전하고, 안 해본 일을 해보고, 실패하고 깨지면서 배우고 터득하고 기쁨을 얻어야 한다. 위험을 무릅쓰지 않는 것은 곧 포기하는 것이며, 변화하지 않는 것은 곧 후퇴하는 것이다.

주인과 구경꾼의 차이

도전하는 사람은 주인이 될 수 있고 그렇지 않은 사람은 구경꾼이 될 수밖에 없다.

미국 신대륙을 발견한 콜럼버스는 도전의 화신이었다. 당시 사람들은 해안선을 4일 이상 떠난 적이 없었다. 그만큼 새로운 시도를 두려워했다. 또 인도를 가기 위해 동쪽 항로만을 이용했다. 하지만 콜럼버스는 서쪽 항로를 주장했다. 그 때문에 10년 이상 투자자가 나타나지 않아 고생을 했다. 다행히 이사벨 여왕의 도움으로 1492년 8월 배 3척에 120명의 선원을 태우고 항해를 시작했고 10월 12일 마침내 아메리카 대륙에 발을 디뎠다. 그가 다른 사람들처럼 같은 항로만을 추종하고 새로운 항로에 도전하지 않았다면 위대한 발견은 없었을 것이다.

도전은 배움의 지름길이기도 하다. 가만히 있으면 실패하고 좌절하지는 않겠지만 배우는 것도 나아지는 것도 없다. 그건 정체고, 또 다른 형태의 실패다.

이시형 박사는 도전 정신이 충만한 사람이다. 있는 그대로 받아들이기보다 뒤집어 생각해보고, 그것이 옳은 일인지 다시 한 번 따져보는 스타일이다. 고려병원 원장 시절, 그는 새로운 시도를 많이 했다. 검진센터가 무슨 필요가 있느냐는 내부 반발을 딛고 한국 최초로 검진센터를 설립하여 수익도 확보하고 사전 검진의 중요성을 일깨우는 역할을 했다. 주차장 부족으로 환자들이 불편해하자 직원용 주차장을 대폭 줄이고, 환자에게도 주차료를 받는 획기적인 조치를 취했다. 당시에 병원에서 주차비를 받는다는 것은 말도 안 되는 일이었다.

무엇이든 처음 시작할 때는 도전 정신이 필요하다. 지금 하려는 일에 많은 장애물이 있을 수 있다. 하지만 도전해보라. 시간이 지나면 모든 사람들이 따라 하게 될 것이다.

자신의 발견

도전이 중요한 또 하나의 이유는 새로운 것에 도전하고 시도를 해봐야 자신에 대해 알 수 있기 때문이다. 우리 인간은 가만히 안

주할 때는 자신에게 얼마큼 능력이 있는지 알 수 없다.

공학박사 출신인 내가 20권 이상의 책을 쓴 저자가 된 것도 도전 정신 때문이었다. 대기업을 다니던 나는 이른 나이에 임원이 되었다. 임원이 되자 직원 숫자가 많아져 조직 내 소통 문제가 심각해졌다. 일일이 직원들을 찾아다니며 대화하기에는 그 범위가 너무 넓었다. 할 수 없이 당시에 처음 나온 이메일을 활용해 내 생각을 전하게 되었다. 한 번도 제대로 된 글을 쓴 적이 없던 내가 그 과정을 통해 글을 쓸 수 있다는 사실을 발견했다. 시간이 지나면서 글솜씨가 늘었고, 다음에는 사보에도 글을 싣게 되었다. 점점 글 쓰는 데 재미를 붙였고 급기야는 책까지 내게 되었다. 작은 시도 하나가 큰 성과를 거둔 것이다. 만약 내가 글 쓰는 재능을 모른 채 평생을 살았다면 어땠을까? 생각만 해도 아찔한 일이다.

우리 모두에게는 엄청난 잠재 능력이 있다. 하지만 그것은 도전을 하기 전에는 절대 알 수 없다. 불편하고 하기 싫더라도 과감하게 도전해봐야 한다.

"사람들은 도전에 직면해서야 비로소 자신이 가지고 있는 잠재력을 발견하게 된다. 자신의 능력을 발휘해야 할 필요가 있을 때까지는 사람들은 절대 자신의 잠재력을 알지 못한다."

유엔 사무총장을 지낸 코피 아난의 이야기다.

리더라면 호변할 수 있어야

주역의 64괘(卦) 중 하나인 혁괘(革卦)의 효사(爻辭. 괘를 이루는 6 개의 효를 풀이한 말)에 '대인호변(大人虎變) 군자표변(君子豹變) 소인혁면(小人革面)'이라는 말이 있다. 대인호변은 호랑이가 여름에서 가을에 걸쳐 털을 갈아 가죽의 아름다움을 더하는 것처럼 대인은 천하를 혁신하여 세상의 폐해를 없애고 모든 것을 새롭게 한다는 뜻이다. 군자표변은 가을에 새로 난 표범의 털처럼 군자가 구습을 버리고 세상을 바꾸는 것을 말한다. 소인혁면은 근본적인 변화 없이 얼굴빛만 고치는 소인의 얄팍함을 이르는 말이다.

가장 바람직한 것은 호변이며 다음이 표변이고, 혁면은 맨 아래의 수준이다. 지도적 위치에 있는 사람은 호랑이처럼 변해야 할 때 과감히 변해서 새로운 요구에 부응할 수 있어야 한다.

도전하는 사람은 젊음을 유지할 수 있다. 도전하기를 멈춘 사람은 그때부터 노인이다. 그런 의미에서 인생은 끊임없는 도전의 역사다. 회사 일도 그렇다. 매일 비슷한 자리에서 비슷한 일을 하고 싶겠지만 세상은 그렇지 않다. 계속해서 변해야 한다. 긍정적으로 변하는 최선의 자세가 도전이다. '그래, 한번 해보는 거야. 그래서 이 분야의 지존이 돼봐야지'라고 생각하고 행동하면 많은 것을 배우고 얻을 수 있다.

소중한 것을 위해 덜 소중한 것을 덜어내다

최고가 사는 법

정말 복잡하게 사는 사람들이 많다. 분주하게 사는 사람들도 많다. 일이 일을 만들고, 사람들 사이에서 여러 반응이 일어나다 보니 자신도 어쩔 수 없는 분주함의 구렁텅이를 헤매게 된다. 그런 사람들은 자신도 모르는 사이에 "힘들어 죽겠다", "바빠 죽겠다", "정신없어 죽겠다"는 소리를 한다. 도대체 무엇을 위해 그렇게 분주하게 사는 것일까? 그래서 얻어지는 게 무얼까?

어리석은 사람들은 모든 것이 복잡하다. 무슨 말을 하는지 알아듣기도 어렵다. 하겠다는 것인지, 하지 않겠다는 것인지도 알 수가 없다. 뭘 그렇게 따지고 걸리는 것이 많은지, 뭔 눈치를 그렇게 보는지… 그야말로 되는 일이 하나도 없다. 반면 도가 튼 사람을 보면 모든 것이 단순하다. 거칠 것이 없고 눈치를 보는 것도 없다. 그런 사람을 만나면 머릿속이 시원해진다. '어리석은 사람은 간단한 문제도 복잡하게 만들고, 현명한 사람은 복잡한 문제도 간단하게 만든다'는 격언이 가슴에 와 닿는다.

어떤 직원이 상사에게 A4로 2장이나 되는 글을 써서 보냈다. 그 직원에 대한 상사의 답신은 단 한 줄이었다.

"What do you want?(원하는 게 뭔가?)"

이 직원의 앞날이 걱정되지 않을 수 없다. 이 직원의 편지가 긴 이유는 무엇 때문일까? 자신이 무슨 말을 하는지, 무슨 말을 해야 할지 명확하지 않기 때문이다. 이처럼 영양가 없고 생산성 떨어지는 사람들의 특징은 말이 길고 복잡하다는 것이다. 무슨 말을 하는지, 뭘 원하는지 파악하기 어렵다.

단순하게 살고 싶은가?

단순함은 지혜의 상징이다. 단순함은 집중력이다. 가장 소중한 것을 위해 불필요한 것을 정리하는 것이다. 그러기 위해서는 주기적으로 주변을 구조조정하는 것이 필요하다.

우선 사람을 정리하라. 의무감에서 만나는 사람, 만나기 싫지만 할 수 없이 만나는 사람, 만나고 나면 기분이 언짢아지는 사람은 과감하게 정리하라. 세상 고민의 반 이상은 만나지 않아도 사는 데 지장이 없는 사람들을 만나는 데서 시작한다.

불필요한 직함도 버려라. 별 의미 없는 철 지난 계급장을 주렁주렁 달고 다니는 사람을 보면 딱하다는 생각이 든다.

불필요한 신문과 잡지도 정리하라. 우리는 몰라도 되는 사실을 너무나 많이 알고 있다. 사실 몰라서 손해를 보는 것보다 알기 때문에 손해를 보는 경우가 훨씬 더 많다. 가끔 외국에 나가 있으면 머리가 맑아지는 느낌을 받는데, 바로 신문과 뉴스를 안 보기 때문이다. 이건희 회장처럼 가끔 미디어 단식을 해보는 것이 필요하다.

침묵의 기간을 갖는 것도 필요하다. 해야 할 말을 하지 않아 후회한 것보다 하지 말았어야 할 말을 함으로써 후회한 경험이 얼마나 많은가. 중세의 기독교 성자 토마스 아켐피스는 이렇게 말했다.

"당신이 밖으로 나가지 않으면 그 무성한 소문에 대해 듣지 않게 된다. 차라리 집에 있으면서 복된 무지를 누리는 편이 낫다. 밖에서는 최신 소식을 들을 수 있는 기쁨이 있을지 모르지만, 분명 그 결과 해결해야 하는 혼란스러운 문제를 만날 것이다."

주기적인 단식이 육체적 정신적으로 건강함을 주듯이 복잡한 시대에는 주기적으로 자신을 사회로부터 차단할 필요가 있다.

물건도 정리해야 한다. 쓸데없는 옷, 신지도 않는 구두, 가방, 책, 테이프 등이 그렇다. 버려야 들어올 자리가 생긴다. 오래된 고정관

념과 지식도 버려야 한다. 그래야 새로운 지식이 들어올 수 있다.

또 거절할 수 있어야 한다. 제때 거절만 할 수 있어도 훨씬 단순한 삶을 살 수 있다. 거절했을 때 상대가 실망하는 모습이 두려워 우리는 억지로 승낙을 한다. 그리고 복잡함의 회오리 속으로 들어간다. 무능하고 우유부단한 남편을 견디지 못해 이혼한 여자가 있었다. 그런데 그 남편이 빚보증을 서달라고 요구하자 이를 거절하지 못하고 승낙했다. 그 때문에 유일한 재산인 집을 날리고 신용불량자가 되었다. 그리고 아이들을 데리고 힘겹게 살고 있다. 순간의 인정을 뿌리치지 못해 평생 큰 짐을 지게 된 것이다. 단순하게 살기 위해서는 "아니오!"라고 말하는 용기가 필요하다.

단순하게 산다는 것은 정말 소중한 것을 위해서 덜 소중한 것을 덜어내는 것이다. 하지만 많은 사람들은 별것 아닌 것에 의해 별것이 침해당하는 삶을 살고 있다. 불필요한 짐을 덜어야 가볍고 깨끗한 삶이 가능해진다. 그것은 우리가 소비하는 물자와 하는 일, 대인관계 등 생활의 모든 면을 더욱 직접적이고 소박하며 단출하게 정리하는 것이다. 외적으로는 더욱 단순하고 내적으로는 더욱 풍요롭게 사는 방식이다.

10만 원 강사와 300만 원 강사

나의 브랜드는 무엇인가

지하도에서는 멋진 가방을 단돈 만 원에 살 수 있다. 백화점에서는 비슷한 가방을 100만 원 넘게 주어야 살 수 있다. 어떤 강사는 시간당 10만 원에 강의를 하고, 유명 강사는 시간당 300만 원의 강의료를 받는다. 어떤 사람은 회사에서 구조조정 이야기만 나오면 오금이 저리고, 어떤 사람은 그 사람이 그만둘까 봐 회사가 전전긍긍한다. 도대체 무슨 차이가 있는 걸까?

바로 브랜드가 있느냐 없느냐의 차이다. 그런 면에서 현대를 사는 우리에게 가장 중요한 것은 자신만의 차별화된 브랜드다. 당신의 브랜드는 무엇인가? 혹시 무인양품 아닌가?

나는 스스로를 '인사이트를 파는 사람'으로 정의한다. 문제점을 새로운 시각으로 보고 핵심이 되는 통찰을 고객에게 제시하는 일을 한다고 생각하기 때문이다. 당신은 어떤가? 당신의 이름을 듣고 사람들은 무엇을 연상하겠는가?

개인브랜드를 갖기 위해서는 자신의 업(業)을 정의해야 한다. 도대체 내가 무엇을 해서 먹고사는 사람인지를 명확히 해야 한다. 다른 사람들 눈에 비치고 싶은 자신의 모습을 그려보아야 한다.

개인브랜드의 시작과 끝

업을 정의하면 내가 할 일과 하지 말아야 할 일이 저절로 구분된다. 콘텐츠를 만드는 사람은 남들보다 수십 배 많은 책을 읽어야 한다. 공연도 보고 영화도 보아야 한다. 고수들을 찾아다니며 그들이 가진 초식도 익혀야 한다. 그러면서 자신의 강점을 찾고 이를 집중적으로 육성해야 한다. 통찰을 제공하는 사람은 사소한 사건이나 현상도 그냥 지나쳐서는 안 된다. 왜 그런지 생각하고 수시로 관찰하고 질문해야 한다.

출발점은 자신을 파악하는 것이다. 나의 강점이 무엇인지, 어떨 때 신이 나서 시간 가는 줄 모르고 몰입하는지를 들여다보아야 한다. 또 그것을 업무와 연계시켜보아야 한다. 강점을 더욱 발전시켜 나만의 차별점을 만드는 것이 중요하다. 그래서 '나'란 사람의 이름을 들을 때 사람들이 무언가를 연상할 수 있게 해야 한다. 실행력이 높은 사람, 분위기를 부드럽게 하는 사람, 아무리 어려워도 목표를 달성하는 사람, 상상력이 뛰어난 사람, 협상을 잘하는 사람… 생각을 하면 얼마든지 자신이 잘하는 것을 주특기로 발전시킬 수 있다.

다음으로 내부 고객을 만족시켜야 한다. 스타들은 이미 집에서, 동네에서 스타였던 사람이다. 동네 스타였다가 차츰 밖으로 이름이 알려져 세상의 스타가 된 것이다. 개인브랜드를 구축하기 위해서는 먼저 내부 고객을 사로잡아야 한다. 그들을 만족시켜 열성적인 지지 세력으로 만들어야 한다. 내부 고객이 만족하지 않으면 외부 고객도 절대 만족할 수 없고, 내부 고객이 움직이지 않으면 외부 고객은 꿈쩍도 하지 않는다.

브랜드는 쉽게 생기지 않는다. 자신의 밥그릇을 걸 때 비로소 생기기 시작한다. 밥그릇을 걸고 일을 하면 태도와 눈빛이 달라진다. 보고서 하나를 쓸 때도 '이 보고서는 내 이름을 걸고 쓰는 것이다. 만약 이것이 통과되지 않으면 이번 달 월급을 받지 못한다'는 각오로 쓰면 품질이 달라질 것이다. 사소한 이벤트를 기획할 때도 자신의 브랜드가 걸려 있는 일이라고 생각하면 대충 하는 일은 없을 것이다. 지각을 하거나, 무성의하게 답변을 하거나, 깜빡하는 일은 사라질 것이다.

브랜드는 오랜 시간을 두고 만들고 쌓아가는 것이다. 일관성과 집중력이 필요하다. 한 가지 분야에 집중해서 오랫동안 노력을 기울일 때 비로소 만들어지기 시작한다. 단시간에 효과가 나지 않는다고 이것 찔끔 하다가 저쪽으로 고개를 돌려서는 죽도 밥도 되지 않는다. 또한 브랜드는 만드는 것 못지않게 유지 관리하는 것이 중요하다. 여기서 브랜드 파워가 생기고 부가가치가 높아진다. 같은 일을 해도 단가가 올라간다. 시장에서 교섭력이 생긴다. 고객에게 끌려다니거나 구걸하지 않고도 주도권을 쥘 수 있다. 회사 안에서도 목소리를 낼 수 있다.

21세기는 브랜드를 가진 자가 세상을 지배할 것이다. 회사도 상품도 개인도 브랜드가 중요하다. 단기적으로 손해를 보더라도 장기적으로 브랜드에 도움이 된다면 결국 손실을 보전할 수 있다. 그렇기 때문에 우리는 늘 자기 브랜드를 인식하며 행동해야 한다. 수시로 자신에게 이런 질문을 던져보아야 한다.

현재 나의 브랜드는 무엇인가? 사람들은 나를 보고 무엇을 연상하는가? 이 브랜드를 갖고 밥을 먹고 살 수는 있는가? 브랜드 파워를 높이기 위해 무슨 일을 하고 있는가? 혹시 브랜드를 까먹는 행동을 하고 있지는 않은가?

반대했던 사람들에게 감사한다

플랜 B, 잘나갈 때 준비하라

출판계에는 '베스트셀러를 낸 출판사는 망한다'는 속설이 있다. 언뜻 이해하기 힘들다. 과정은 이렇다. 가난하던 출판사에 갑자기 목돈이 들어온다. 그 돈을 주체하지 못한다. 우선 사옥을 짓거나 구입한다. 사옥에 맞게 직원들을 많이 채용한다. 마케팅 비용도 많이 쓴다. 주특기가 아닌 다른 분야에까지 진출한다. 한마디로 살림이 커지는 것이다. 이것저것 손을 대는 것이다. 하지만 베스트셀러는 그렇게 쉽게 나오지 않는다. 늘어난 살림 규모를 당해내질 못하고 결국 망하게 된다. 한때의 행운이 불행으로 끝나는 것이다.

한때 잘나가던 기업들 가운데 지금은 사라지거나 어려워진 곳이 제법 많다. 여러 이유가 있지만 과잉 투자 때문인 경우가 제일 많다. 왜 그럴까? 늘 잘될 것이다, 아무런 장애가 없을 것이다, 계속

해서 지금 같은 상황이 이어질 것이라는 가정하에 계획을 세웠는데 다른 변수가 생겼기 때문이다. 세상일은 뜻대로만 되지는 않는 법이다. 생각지도 못한 일이 번번이 일어나곤 한다. 예상보다 비용이 2배가 들고, 시간은 그 이상이 소요된다. 갑자기 기름값이 뛰기도 하고, 핵심 인재가 빠져나가기도 하고, 송사에 휘말리기도 하고, 어디선가 갑자기 쟁쟁한 경쟁자가 나타나기도 한다. 그렇기 때문에 지속해서 성장하고 발전하기란 생각보다 훨씬 어려운 일이다. 따라서 언제 닥칠지 모르는 위기의 순간에 대비한 플랜을 갖고 있어야 한다. 그게 '플랜 B'다. 개인도 그렇고 조직도 그렇다.

구조조정의 적기는?

플랜 B란 위기에 대비한 계획을 말한다. 예상치 못한 일이 일어날 것에 대비해 미리미리 준비하는 것을 말한다. 나처럼 기업 강의를 많이 하는 사람들에게 가장 큰 리스크는 강의에 늦는 것이다. 그래서 나는 언제나 1시간 일찍 도착하는 것을 목표로 길을 나선다. 미리 가서 분위기도 살피고, 강의 관련 정보도 얻고, 어떤 내용으로 강의할지 구상도 한다. 한번은 연수원을 다른 곳으로 착각해 잘못 간 적이 있는데, 일찌감치 출발한 덕분에 위기를 모면할 수 있었다. 내게는 그게 플랜 B다. 그렇다면 플랜 B는 어떻게 준비해야 할까?

플랜 B는 미리미리 준비해야 한다. 잘나갈 때, 아무 문제가 없을 때, 평상시에 준비해야 한다. 그래야 효과가 크다. 배가 기울기 시작했을 때, 뭔가 문제가 생겼을 때 하면 늦는 경우가 많다. 건강이 그렇다. 건강은 건강할 때 신경을 써야 효과가 크다. 뭔가 문제가 생긴 후 건강에 관심을 가져봐야 배가 떠났을 가능성이 높다. 구조조정도 그렇다. 사업이 잘될 때 해야 한다. 하지만 대부분의 사람들은 성공에 취해 구조조정 대신 확장 전략만을 생각한다. 사람을 마구 뽑고, 사업을 함부로 벌인다. 그러다 경기가 나빠지면 부랴부랴 뭔가를 하려고 한다.

석유회사 셸은 아주 잘나갈 때 여러 상황에 대비한 시나리오를 짰다. 그중 하나가 오일쇼크에 대비한 시나리오였다. 당시로서는 황당한 일처럼 보였고 일어날 가능성이 희박하다고 생각하는 사람들이 대다수였다. 하지만 미리 준비한 덕분에 오일쇼크가 벌어졌을 때 빛을 발할 수 있었다. 위기의 순간을 잘 넘기면서 오히려 회사가 더 많이 성장했다.

당신 회사에 닥칠 수 있는 위기에는 어떤 것들이 있는가? 환율 위기, 경쟁사의 등장, 기술 변화로 인한 시장 축소, 경영자의 리스크 등등에 대비한 준비를 하고 있는가?

플랜 B를 위해서는 반대 의견을 잘 들을 수 있어야 한다. 사전에 경고 장치가 제대로 작동할 수 있어야 한다.

산샤댐은 중국 역사를 바꾼 일대 사건이다. 만리장성보다 더 큰 프로젝트라고 할 수 있다. 이런 프로젝트를 계획할 때 얼마나 많은 반대 의견이 있었을까? 1997년 산샤댐이 완공되었을 때 이를 설계한 장샤오형은 이렇게 말했다.

"나를 반대한 사람은 성공을 돕는 손이다. 반대자의 공로는 어느 누구도 대신할 수 없다. 반대하는 사람이 없었다면 위대한 일을 이룰 수 없었을 것이다. 반대파들이 집요하게 반대했기 때문에 완벽하게 완성할 수 있었다. 그동안 반대했던 사람들에게 진심으로 감사한다."

빈말이 아닌 진심이 느껴진다. 반대 의견을 잘 받아들인 덕분에 큰 프로젝트를 성공적으로 완수했을 것이다.

IBM을 만든 토마스 왓슨도 반대하는 사람을 중용했다. 그의 말이다.

"나는 싫어하는 사람을 승진시키는 걸 주저하지 않았다. 오히려 정말 뭐가 사실인지를 말하는 반항적이고 고집 센, 거의 참을 수 없는 타입의 사람을 항상 고대했다. 만약 그런 사람이 충분히 많고 이들을 참아낼 인내가 있다면 그 기업에 한계란 없을 것이다."

인텔을 만든 앤디 그로브도 비슷한 생각을 가졌다.

"나는 반대자들에게 감사한다. 조직은 리더가 가진 꿈과 그릇의 크기만큼 자란다. 큰 그릇은 많은 것을 담을 수 있다. 나와 동질의 것, 나를 편안하게 하는 것뿐만 아니라 나와 다른, 그래서 불편한 것도 끌어안을 수 있을 때 조직은 지속적으로 성장한다."

글로벌 기업인 IBM과 인텔 뒤에는 이런 위대한 생각을 품은 리더가 있었던 것이다.

뭐든 좋은 점만 있는 것은 없다. 늘 좋은 것과 나쁜 것이 짝을 이룬다. 낙관주의와 긍정성도 그렇다. 긍정적인 성향이 좋지만 위험을 보지 못할 가능성이 있다. 긍정적인 마인드를 갖되 늘 플랜 B를 준비해야 한다. 늘 비가 오는 날에 대비해야 한다. 그래야 지속 가능할 수 있다.

70만 개는 거절합니다

수백 년 명가의 철칙

홍하상의 《오사카 상인》이란 책을 보면 1,200년 고도 교토의 오래된 가게들을 만날 수 있다. 유구한 교토와 역사를 같이한 가게들이다. 1,000년 이상 된 가게가 2곳, 300년 이상 된 가게는 수백 곳에 이른다. 885년에 시작한 불교용품 가게 다나카, 971년에 만들어진 약방 히라이조 에이도, 1160년에 문을 연 녹차가게 쓰엔, 1465년에 창업한 요리점 혼케, 1477년에 생긴 떡집 미즈다….

명가는 무엇이 다른가

교토의 오랜 명가들처럼 수백 년 동안 생명을 유지하는 곳들의 비결은 무엇일까?

첫째, 선의후리(先義後利). 먼저 의리를 지키면 이익은 따라온다는 의미다. 당연한 이야기다. 품질과 신용이 우선이다. 그것이 정도(正道)다. 정도를 지켰기에 그토록 오랜 기간 장수할 수 있었던 것이다. 하지만 대부분의 가게는 이익을 우선한다.

얼마 전의 일이다. 나는 아구찜 잘하기로 명성이 자자한 곳이 있다는 말을 듣고 아는 사람과 함께 찾아갔다. 동네 전체가 아구찜집들로 들어찬 곳에 있었다. 가게마다 아줌마들이 몰려나와 호객을 하고 있었다. 길바닥까지 나와 사람을 잡고 차를 세우는 바람에 운전하기도 힘들 지경이었다. 그 가운데 사람이 유독 많아 보이는 집에 들어가 아구찜을 시켰다. 잘 모를 때 역시 사람 많은 곳이 제일이니까. 한껏 기대를 하고 음식을 입에 넣는 순간, 이건 영 맵기만 할 뿐 이 맛도 저 맛도 아니었다. 게다가 값은 왜 그리 비싼지 음식을 먹고 나오는데 본전 생각이 간절했다. 왜 아줌마들이 그렇게 호객을 하지 않으면 안 되는지 충분히 이해되었다. 조만간 이 동네 아구찜집들은 된서리를 맞을 것이다.

둘째, 상품의 장단점을 고객에게 정확히 알리는 것이다. 무조건 다 좋고 다 맛있다고 할 게 아니라 무엇을 제일 잘하고 어떤 점이 다른지를 솔직하게 밝혀야 한다.

출판사 관계자들과 뒤풀이를 겸해 맥주집에 가서 안주를 고를 때의 일이다. 아르바이트 여직원에게 어떤 메뉴가 좋은지 의견을 구하려고 한 안주를 가리키며 어떠냐고 물었다. 그랬더니 "그 메뉴는 솔직히 인기 메뉴가 아닙니다. 맛도 별로고 양도 적습니다. 그러면서 가격은 만만치 않고요. 제 생각에는 이렇게 시키면 만족하실 겁니다"라며 안내를 한다. 그간 수백 군데도 넘는 음식점을 다녀보았지만 이렇게 있는 그대로 설명해주는 사람은 처음 만났다. 순간적으로 그 사람에 대한 신뢰가 생겼고 앞으로 이 집에 자주 와야겠다는 생각이 들었다.

다 맛있다, 다 잘한다는 사람보다 솔직하게 무엇이 좋고 무엇이 별로인지, 어떻게 하면 더 좋은지를 말해주는 사람을 신뢰하게 되는 법이다.

셋째, 늘 고객의 입장에 서는 것이다. 손님이 반품을 원하면 군소리 없이 교환 또는 환불해주고 분쟁이 생기면 무조건 손님 편을 드는 것이다.

오래전에 폴 스튜어트라는 제법 고가의 양복바지를 산 적이 있다. 다음 날 제주도에서 열리는 워크숍에 갔는데, 거기서 한 오름에 오르다가 철조망에 걸려 바지가 크게 찢어졌다. 정말 난감하고 실망스러웠다. 오랜만에 맘에 쏙 드는 바지를 샀는데 입자마자 버리게 된 것이 속상했다. 혹시나 싶어 집사람을 통해 바지를 샀던 곳에 수선이 가능한지 문의했다. 워낙 많이 상해 수선이 쉽지 않을 것이라며 본사에 알아보고 다시 이야기해주겠다는 답변이었다. 그럼 그렇지, 이런 걸 누가 손봐줄까 솔직히 아무런 기대도 하지 않았다.

그런데 얼마 후 바지를 찾으러 오라는 연락을 받았다. 가서 보니 새 바지였다. 수선을 포기하고 아예 바지를 바꿔준 것이다. 놀라움을 넘어 충격이었다. 나는 그 일이 있은 후 그 가게의 단골이 되었다. 약간의 부채 의식에다 무엇보다 신뢰가 갔기 때문이다. 이런 가게라면 계속 거래를 해도 괜찮겠다는 확신이 들었기 때문이다.

넷째, 물건의 질을 우선하는 것이다. 대표 선수는 교토의 떡가게 아카모치야다. 이 가게는 1930년 관동전쟁 때 일본군으로부터 매달 떡을 70만 개씩 납품해달라는 주문을 받았다. 다른 데 같으면 이게 웬 떡이냐며 감지덕지했을 것이다. 그렇지만 아카모치야는 이를 정중히 사절했다. 그렇게 많은 양을 공급하게 되면 품질을 지킬 자신이 없다는 이유에서였다. 답답할 정도로 품질에 대한 고집이 있었기에 아카모치야는 500년에 가까운 세월에도 변치 않는 명성을 유지하는 것이다.

친절의 정도도 생각해야 한다. 고객만족이라고 해서 무조건 친절해야만 하는 것은 아니다. 과도한 친절은 짜증을 부를 뿐이다. 불필요하게 자꾸만 와서 귀찮게 하는 식당들이 있다. 음식은 어떠냐, 더 필요한 것은 없느냐며 눈치 없이 대화의 흐름을 깬다. 정말 괜찮은 식당은 대화의 흐름을 깨지 않는다. 센스가 있다. 주문도 뒤에 와서 조용히 받고 음식을 내놓을 때도 알아서 제자리에 살며시 갖다 놓는다. 과공비례(過恭非禮)란 말이 괜히 나온 게 아니다.

빠르게 변화하는 사회지만 그 속에서도 변치 말아야 할 원칙과 법칙은 있게 마련이다. 품질과 신용, 정직과 정성이 그렇다. 수백 년을 두고 이어져 내려오는 가게들은 하나같이 눈앞의 이익보다 이 같은 가치들이 우선한다는 점을 다시 한 번 일깨워주고 있다.